영유아교육현장을 위한

장학론

나유미

KNOWLEDGE COMMUNITY 공동체

|머리말|

장학에 대해 떠오르는 생각을 물었더니 학생들은 '장학이 뭐예요?'라는 질문에서부터 '위에서부터 아래로 내려와서 무조건 해야 하는 딱딱한 것', '야근해야 하는 일', '초임교사에게는 피하고 싶은 것', '없어지면 좋을 것'이라 답합니다.

이 책을 통해 장학에 대해 부정적인 생각을 가지고 있는 교사들에게 장학이란 어렵고 하기 싫은 것만이 아니라는 것을 알려주고 싶습니다. 또한 후배교사들, 동료교사들 서로서로에게 장학의 의미가 되어주고자 하는 유치원과 어린이집 교사들에게도 의미 있는 내용이 되었으면 합니다. 교사들을 돕고자 하나 방법을 알지 못하는 원장 · 원감선생님들에게도 도움이 되고 싶습니다.

장학론을 강의하면서 살펴보니 장학론과 관련된 교재가 많지 않고, 특히 영유아를 교육하고 함께하는 어린이집과 유치원의 교사를 위한 장학 관련 도서는 찾아보기 어려웠습니다. 어린이집과 유치원 현장에서 조금 더 나은 내일을 꿈꾸는 원장 · 원감선생님, 그리고 특별히 교사들에게 이 책의 내용이 아이디어와 기쁨이 되었으면 합니다.

전체 구성을 살펴보면, 장학에 대한 이론 내용을 제1~7장에서 다루고, 제8장에서 자기장학을 위한 저널쓰기 방법, 제9장에서 저널쓰기의 실제를 다루었습니다. 부록에는 장학을 위해 영유아 교육현장에서 활용할 수 있는 여러 자료를 담아 보았습니다.

제1장에서는 장학의 개념과 기능을 다루었습니다. 장학의 개념과 기능, 장학의 원리와 유형, 변화에 대해 살펴보았습니다.

제2장에서는 원내 자율장학의 개념에 대해 정리하였습니다. 장학에 대한 인식의 전환, 자율장학의 개념과 종류, 원내 자율장학의 개념과 특성, 영역, 담당자, 자율장학 담당자의 역할과 자질, 자율장학의 활성화를 위한 교원들의 노력에 대해 살펴보았습니다.

제3장은 교사의 성향과 발달수준 이해하기를 다루었습니다. 교사의 성향과 발달수준을 이해하기 위한 과정으로 관계형성의 단계, 발달수준 파악 단계, 지도계획 수립 단계로 나누어 살펴보았습니다.

제4장에서는 원내 자율장학의 형태를 살펴보았습니다. 수업장학, 동료장학, 자기장학, 약식장학, 자체연수에 대해 정리하였습니다.

제5장은 원내 자율장학의 기본 형태별 모형을 다루었습니다. 수업장학의 모형, 동료장학의 모형, 자기장학의 모형, 약식장학의 모형, 자체연수의 모형을 살펴보았습니다.

제6장은 지구 자율장학에 대해 정리하였습니다. 지구 자율장학의 개념, 지구 자율장학 활동, 지구 자율장학 협의회에서 구성원 역할에 대해 살펴보았습니다.

제7장에서는 컨설팅 장학에 대해 정리하였습니다. 컨설팅 장학의 목적과 대상, 과업과 의뢰인, 장학요원, 원리, 절차와 내용, 유형과 자율관리 실천 지원을 위한 맞춤형 컨설팅에 대해 살펴보았습니다.

제8장에서는 저널쓰기에 대해 살펴보았습니다. 저널쓰기의 개념과 의의, 저널쓰기의 방법, 저널 지원전략을 다루었습니다.

제9장에서는 저널쓰기와 동료피드백의 실제에 대해 정리하였습니다. 직접 작성한 교사의 저널, 그에 대한 동료교사들의 피드백, 그리고 그 피드백 결과를 적용한 사례를 중심으로 저널쓰기의 의미를 살펴보았습니다.

이 책에 소개한 여러 이론적인 내용과 실제 사례가 영유아 교육현장의 교사와 원장 · 원감선생님들에게도 도움이 되기를 바라며, 교사들이 장학에 대한 부정적인 시각을 내려놓고 더 많이 성장하고 발전하여 행복한 교사가 되기를 바랍니다. 결국 이 일이 우리 영유아를 잘 교육하고 보육하는 데 중요한 한 걸음이 될 것입니다.

이 책이 나오기까지 함께 고민하고 저널 사례를 나누어 준 백석문화대학교 전공심화과정 선생님들께 감사합니다. 또 이 책의 출간을 위해 애써주신 공동체 출판사 가족 여러분들께도 감사드립니다. 장학론 강의를 하는 동안, 이 책을 쓰는 동안 부족한 저에게 끊임없이 지혜를 주신 하나님께 감사드립니다.

2025년 8월

저자 나유미

|차 례|

■ 머리말 / 3

Chapter 01 장학의 개념과 기능 9

1. 장학의 개념 ········ 11
2. 장학의 기능 ········ 15
3. 장학의 원리 ········ 17
4. 장학의 유형 ········ 18
5. 장학의 변화 ········ 19

Chapter 02 원내 자율장학의 개념 21

1. 장학에 대한 인식의 전환 ········ 23
2. 자율장학의 개념과 종류 ········ 24
3. 원내 자율장학의 개념 ········ 25
4. 원내 자율장학의 특성 ········ 26
5. 원내 자율장학의 영역 ········ 28
6. 원내 자율장학의 담당자 : 경력교사와 멘토 ········ 32
7. 자율장학 담당자의 역할과 자질 ········ 35
8. 자율장학의 활성화를 위한 교원들의 노력 ········ 37

Chapter 03 교사의 성향과 발달수준 이해하기 41

1. 관계형성의 단계 ········ 48
2. 발달수준 파악의 단계 ········ 54
3. 지도계획 수립의 단계 ········ 56

Chapter 4 원내 자율장학의 형태 59

1. 수업장학 ··· 61
2. 동료장학 ··· 63
3. 자기장학 ··· 66
4. 약식장학(일상장학) ··· 70
5. 자체연수 ··· 72

Chapter 5 원내 자율장학의 기본 형태별 모형 75

1. 수업장학의 모형 ··· 77
2. 동료장학의 모형 ··· 84
3. 자기장학의 모형 ··· 89
4. 약식장학의 모형 ··· 93
5. 자체연수의 모형 ··· 97

Chapter 6 지구 자율장학 101

1. 지구 자율장학의 개념 ··· 103
2. 지구 자율장학 활동 ··· 105
3. 지구 자율장학 협의회에서 구성원 역할 ··· 107

Chapter 7 컨설팅 장학 111

1. 목 적 ··· 113
2. 대 상 ··· 114
3. 과 업 ··· 114
4. 의뢰인 ··· 114

5. 장학요원 ···· 115
6. 원 리 ···· 115
7. 절차와 내용 ···· 117
8. 유 형 ···· 118
9. 자율관리 실천 지원을 위한 맞춤형 컨설팅 ···· 121

Chapter 8 저널쓰기 151

1. 저널쓰기의 개념 ···· 153
2. 저널쓰기의 의의 ···· 155
3. 저널쓰기의 방법 ···· 158
4. 저널 지원전략 ···· 164

Chapter 9 저널쓰기와 동료피드백의 실제 175

1. 저널쓰기와 동료피드백의 실제 1 ···· 177
2. 저널쓰기와 동료피드백의 실제 2 ···· 179
3. 저널쓰기와 동료피드백의 실제 3 ···· 181
4. 저널쓰기와 동료피드백의 실제 4 ···· 183
5. 저널쓰기와 동료피드백의 실제 5 ···· 185
6. 저널쓰기와 동료피드백의 실제 6 ···· 186
7. 저널쓰기 후 교사들의 느낀 점 ···· 188

- 부 록 / 193
- 참고문헌 / 241

CHAPTER 01

장학의 개념과 기능

1. 장학의 개념
2. 장학의 기능
3. 장학의 원리
4. 장학의 유형
5. 장학의 변화

CHAPTER 01

장학의 개념과 기능

1. 장학의 개념

장학(supervision)은 어원적으로 superior와 vision의 합성어로서 '높은 곳에서 우수한 사람이 본다'라는 뜻이다. 교육에 있어 장학은 감독이나 통제보다는 교사를 도와주고 교수–학습 개선을 위한 기능을 수행한다. 장학의 어원적 의미는 오늘날 학습자의 학습활동을 돕는 교사의 교수활동을 향상시키는 행위 정도로 변화되었다(이상기 · 옥장흠, 2007). 장학에 대한 정의를 유아교육 보육용어 사전에서는 '학교교육을 전반적으로 지도 · 조언하고 교육목표 달성을 위해 전문적으로 봉사활동하는 기능이고 학교교육에서 교사와 학생 간의 교육 기능을 효과적으로 개선하기 위해서 교육활동 전반에 걸쳐서 봉사하고 지도하는 것'이라고 정의한다(김재은 · 김태련, 2009).

장학은 교육활동의 개선을 위한 모든 지도 · 조언 활동을 의미하며, 교육활동의 개선은 교실에서 이루어지는 교수–학습활동의 개선을 핵심으로 하여 설정된 교육목표의 효과적인 달성을 위한 집단적이고 협력적인 모든 활동을 의미한다(이윤식, 2001). 2000년대 이후 우리나라 장학은 교육부의 지도 · 감독적 초점에서 교육개선과 교사전문성 신장 및 수업 개선에 초점을 두는 방향으로 변화하였다. 이에 교사들이 스스로 교육활동을 개선하기 위해 상호 협동하고 존중하며 전문성 향상을 위해 노력하는 활동으로 변화하고 있다(이윤석 · 유양승, 2016). 장학이 효과적으로 수행될 때 교사는 사고의 수준이 높아지며 의사소통, 협동성이 개선되고 자신의 성장과 자율성과 같은 개인적인 효능감이 증진된다고 하였다(Glickman & Bey, 1990).

현재 일반적으로 쓰이고 있는 장학의 개념에 관해서는 장학에 대한 접근방법과 관점 차이로 여러 다른 의견이 제시된다. Harris(1985)는 유아의 학습을 촉진하는 측면을 강조하는 장학의 개념을 정의하였다. 장학은 유아들의 학습을 돕기 위해 유아들의 수업 과정에 직접적으로 영향력을 행사하는 방법으로 인식되었다. Rizzo(2004)는 장학담당자와 교사 사이의 신뢰를 강조하는 장학의 개념을 주장하였다. 장학은 담당자와 교사 사이의 신뢰를 바탕으로 하는 협동과정이며 교사의 교육적 역량을 향상시켜 수업의 질을 개선하려는 기본 목적을 가지고 있다고 보았다. Wiles와 Bondi(2004)는 기존 연구들을 종합적으로 검토해 장학 개념의 공통 내용을 밝혀냈는데, 기존 연구는 장학의 개념을 정의하는 관점의 차이를 드러내고 있지만 궁극적으로는 수업 개선을 목적으로 삼고 있다는 점에서는 동일한 인식을 하고 있다고 주장하였다.

Wiles와 Bondi(2004)가 장학의 개념에 대한 여러 학자의 주장을 정리 분석한 결과 장학에 대한 개념 정의는 대체로 여섯 가지로 구분된다.

- **교육행정** : 장학은 교육체제의 적정 교수가 교수기대를 달성하는 데 주로 초점을 둔 행정의 국면이라고 본다.
- **교육과정** : 장학은 교육과정에서 의미를 찾아야 하며 그렇지 않으면 의미가 없다고 본다. 장학은 교육과정의 제정과 개정, 교수 단원과 자료의 준비, 학부모에게 통지하는 과정과 도구의 개발, 교육 프로그램 평가 등 광범위한 일을 의미한다.

- **수업** : 장학은 학습을 증대시키기 위해 적용될 수업 방법의 개선에 직접 영향을 주는 인적 · 물적자원을 조정하는 일이며 수업 개선을 목적으로 하는 전문적 교육자의 행동이다.
- **인간관계** : 장학담당자과 교사와의 관계에서 생산적 직무 관계성을 조성하는 것은 장학담당자에게 가장 중요한 일이다. 교사에게 의미 있는 일의 중요성을 강조하고 과업 성취에서 나오는 교사 만족을 동기유발과 수업 개선의 관건으로 본다.
- **경영** : 장학담당자는 일의 과정을 지시하고 안내하는 책임이 있다. 업무체제가 기술적 생산체제든 인간봉사체제든 그것은 장학담당자의 역할을 결정하는 가장 중요한 요인이 된다.
- **지도성** : 장학의 과업은 교사들에게 가르치는 방법을 가르치는 것이며 교육과정 · 교수 · 교육형태 등에서 전문적 지도성을 발휘하는 것이다.

장학에 대한 여러 의견을 종합해 보면 장학은 **교육활동의 개선**을 위해 **주로 교원을 대상으로** 이루어지는 **제반 지도 · 조언 활동**을 의미한다고 볼 수 있다.

여기에서 '교육활동의 개선'은 장학이 추구하는 목적을 시사한다. 교원들의 전문성을 바탕으로 교육의 3요소인 교사 · 유아 · 교육과정 간의 상호작용을 통해 이루어지는 교수-학습활동의 개선을 핵심으로 궁극적으로 설정된 교육목표의 효율적 달성을 위해 이루어지는 노력을 의미한다.

'주로 교원을 대상으로'는 장학이 원칙적으로 누구에게 작용하는지를 시사한다. 교사뿐 아니라 원장 · 원감도 포함하며 원장 · 원감은 교사들에게 지도나 조언을 하지만 경우에 따라 필요한 지도 · 조언을 얻기도 한다. 장학활동이 다른 조직활동과 구별되는 근본적인 차이는 다른 사람들을 통해 목표를 달성하는 행동이라는 점이다.

마지막으로 '제반 지도 · 조언 활동'은 지도 · 조언의 형태와 내용이 다양할 수 있음을 의미한다. 교원을 대상으로 하여 지도 · 조언 활동이 직접적 또는 간접적, 체계적 또는 비체계적, 공식적 또는 비공식적, 반복적 또는 일시적, 장기적 또는 단기적 등 여러 가지 형태로 이루어질 수 있다. 수업, 교육과정, 인간관계, 경영, 행정, 지도성에 관련해 이루어지는 것을 의미한다.

장학의 목적은 교육활동의 개선, 교원의 전문성을 바탕으로 교수–학습활동의 개선을 핵심으로 하여 설정된 교육목표를 효율적으로 달성하고 궁극적으로 유아들의 지적 · 정의적 · 신체적 성장과 발달을 도모하는 데 있다.

장학은 교사나 유아에게 제공되는 교육과정의 질적 향상을 도모하고 교육과정의 계획, 운영 및 결과의 평가, 조언을 통해 교육목표가 효과적으로 설정되었는지, 교육과정이 잘 운영되고 있는지 관리한다(나원정, 2011). 교육의 질과 직결되는 교사의 질적 수준을 향상시키기 위한 활동 중 하나인 장학은 교수–학습 방법의 개선을 비롯해 인적자원 개발, 협력적 · 동료적 관계 유지 등을 통한 교사의 성장 · 발달을 돕기 위한 활동이다(이승희, 2012).

장학을 통해 교사는 다방면적 장학 프로그램 모형을 개발하고 질적 제고를 위해 교수–학습에 대해 꾸준히 노력하며 한층 더 성장하는 발판을 마련해야 할 것이다. 또 교육현장과 학급 분위기에 대해 재구성함으로써 더 나은 교육과 보육을 가능하게 하며 자신의 교육신념을 되돌아보는 시간을 가질 수 있다(김하나, 2014).

Sullivan과 Glanz(2005)는 장학이 위기를 맞고 있으며 이에 대안적 접근이 필요함을 제시하였다. Zepeda와 Ponticell(1998)은 시시한 구경거리, 무의미한 절차, 달갑지 않은 개입 등 장학의 부정적 양상에 대해 설명하였다. Laura, Thomas와 Koji(2006)는 장학과정에서 교육행동을 개선한 교사들이 자신의 변화가 장학사(원장, 원감)의 지도나 영향력에 의한 것이 아닌 오히려 동료들의 협조와 자신의 자각에 의한 것이라 생각한다고 보았다.

장학에 대한 부정적 반응에도 불구하고 장학의 중요성은 간과할 수 없으므로 교육행정기관을 통한 장학이 이루어져 왔으며 자율장학이 활성화되어 서서히 자리 잡아 가고 있다.

2. 장학의 기능

장학의 기능은 교원의 성장·발달, 교육과정 운영, 교육기관 경영을 내포하고 있다. 이 세 가지 영역은 실제로 중복되는 부분이 있으며 상호보완적 관계에 있다.

장학은 교사들에게 귀찮고 부담을 주는 활동이 아니라 교사들의 전문성을 향상시킬 수 있고 지속적으로 성장·발달에 도움을 주는 활동이어야 한다. 이를 위해 교육활동이 지속되는 교육현장의 독특한 상황과 교사들의 요구에 기초해 장학이 이루어질 필요가 있다(이윤식, 1999). 교사를 돕고자 이루어지는 장학은 교사 자신이 필요로 하는 것에서 출발해야 한다(Sullivan & Glanz, 2000).

① 교원의 성장·발달을 돕는 기능

교원으로 하여금 교직생활과 관련된 가치관, 신념, 태도, 지식, 기능, 행동 등을 갖추도록 도와주는 기능

② 교육과정 운영의 효율화를 돕는 기능

교육목적을 달성하기 위해 영유아에게 제공되는 교육내용 및 교육활동에 대한 개발·운영·평가의 효과를 높이도록 도와주는 기능

③ 교육기관 경영의 합리화를 돕는 기능

교육기관 내의 인적 · 물적 · 재정적 자원을 효과적으로 유지 · 통합 · 운영하고 교육활동 기능을 최적화하도록 도와주는 기능

장학을 보는 관점에는 역할로서의 장학과 과정으로서의 장학의 두 관점이 있다.

역할로서의 장학은 누가 하는가에 그 초점이 있으며 장학을 제공하는 사람과 장학을 받는 사람의 상하관계가 전제된다. 교사는 장학의 객체로 피동적 · 수동적 입장에 있게 되며, 교사의 입장에서 보면 장학은 주어지는 장학의 성격을 가진다.

과정으로서의 장학은 어떻게 하는가, 즉 어떠한 방법, 절차, 과정을 통해 교육활동의 개선을 위해 활용할 수 있는 좋은 지식, 기술, 정보, 아이디어, 경험, 도움, 조언 등을 나누어 갖는가에 초점이 있다. 장학에 참여하는 사람들 간의 상하관계보다는 협동관계가 전제된다. 교사는 장학에 보다 능동적이고 적극적으로 임할 수 있으며, 교사의 입장에서 보면 장학은 함께하는 장학의 성격을 가진다.

장학지도라는 용어는 장학협의라는 용어에 비해 장학지도를 하는 사람과 받는 사람의 관계가 내재되어 있어 역할로서의 장학의 의미가 강하다. 반면 장학협의라는 용어는 장학을 하는 절차나 방법으로서 협의활동을 포함하고 있어 과정으로서의 장학의 의미가 강하다.

교육행정기관이 주도하는 장학은 역할로서의 장학의 성격이 강하고, 원에서 원장 · 원감, 부장교사, 일반교사들 간의 협력관계에서 이루어지는 자율장학은 과정으로서의 장학의 성격이 강하다. 장학에 있어 원과 교직원들의 책무성과 자율성을 존중하고 장학을 장학사들만 하는 특정 역할로서보다 교육활동의 개

선을 위한 공동노력의 과정으로 이해하려는 인식의 전환은 장학사, 원장 · 원감, 부장교사, 일반교사 모두에게 요구된다.

3. 장학의 원리

장학의 원리는 장학활동이 보다 성공적이고 효과적이 되기 위해 존중되어야 할 기준이나 지침이다(이윤식, 2022).

① 교육기관 중심성 존중의 원리

장학은 교육활동이 실제로 전개되는 교육기관의 인적 · 물적 조건 및 조직적 · 사회 심리적 특성을 존중하는 방향으로 이루어져야 한다.

② 자율성 존중의 원리

장학은 교육기관의 자율성과 원내 구성원으로서 교직원들의 자율성을 존중하는 방향으로 이루어져야 한다.

③ 협력성 존중의 원리

장학은 장학담당자, 교육기관 담당자, 교직원, 기타 관련되는 외부 인사 모두의 협력적이고 참여적 공동노력을 조성 · 유도하는 방향으로 이루어져야 한다.

④ 다양성 존중의 원리

장학은 교육기관의 조건과 특성 및 교직원들의 필요와 요구에 기초해 다양한 내용과 방법을 활용하는 방향으로 이루어져야 한다.

⑤ **계속성 존중의 원리**

장학은 장기적인 교육활동의 개선을 위한 기능을 수행하는 것으로서 일시적 · 단기적이 아니라 계속적이고 장기적인 방향으로 이루어져야 한다.

⑥ **자기발전성 존중의 원리**

장학은 교육기관의 발전뿐 아니라 구성원으로서 교직원 개인의 발전, 나아가 장학담당자의 발전도 도모하는 방향으로 이루어져야 한다.

4. 장학의 유형

장학의 유형은 장학의 주체를 기준으로 하여 분류하는 것이 타당하다. 크게 교육행정기관이 주도하는 성격의 장학과 교육기관에서 교직원들의 협력적인 관계 속에서 이루어지는 성격의 장학으로 구분할 수 있다.

교육행정기관이 주도하는 장학은 기존에 학사운영에 대해 점검 · 지시하는 방식으로 이루어진 형태가 아닌 팀을 구성하여 컨설팅을 제공하거나 전문가를 연계해 주는 지원 중심의 컨설팅 장학으로 이루어지고 있다. 컨설팅 장학은 전문성을 갖춘 장학요원들이 교원의 의뢰에 따라 그들이 직무수행상 필요로 하는 문제와 능력에 관해 진단하고 그것의 해결과 계발을 위한 대안을 마련해 대안을 실행하는 과정을 지원 · 조언하는 활동이라 정의된다.

교육기관에서 이루어지는 자율장학의 경우 원내 자율장학과 지구 자율장학으로 구분된다. 원내 자율장학의 경우에는 수업장학, 동료장학, 자기장학, 자체연수 등을 포함하며, 지구 자율장학은 교육 프로그램 및 교육정보 교환, 교육연구 및 특색사업의 공동 협의 · 추진, 지구 교육현안의 협의 · 조정, 협동적 교육 · 학예활동 협의 및 추진 등이 이루어진다.

5. 장학의 변화

우리나라 장학의 변화 동향을 종합하면 다음과 같다(이윤식, 2022).

① 장학활동을 보는 관점이 주어지는 장학에서 함께하는 장학으로 변화가 일어나고 있다. 전통적으로 교사는 장학의 객체로서 피동적이고 수동적 입장에 있었으나 자율장학, 맞춤장학, 요청장학, 컨설팅 장학 등의 활용으로 교사와 장학담당자 간 협동관계가 부각되고 있다.

② 장학활동에서 현장을 중시하는 방향으로 변화가 일어나고 있다. 장학의 본질적 기능은 원의 교육활동 개선을 도와주는 것이다. 장학은 교육활동의 본질과 원리에 대한 존중을 기초로 하여 교육활동이 실제로 전개되고 있는 현장의 상황과 조건을 고려해야 한다.

③ 장학활동의 계획과 실행의 과정에서 민주적인 협력과 참여가 중시되는 방향으로 변화가 일어나고 있다. 장학은 교사의 자발적인 자기발전 의지를 기초로 하여 장학담당자와 교사 간에 민주적이고 협력적인 상호작용을 통해 이루어질 때 그 효과가 극대화될 수 있다. 교사들의 필요와 요구를 존중하고, 다양하고 개별적인 장학활동이 이루어지는 경향이 있다.

④ 장학활동의 내용과 방법에 있어 컨설팅 장학 등 전문화를 지향하는 방향으로 변화가 일어나고 있다. 2010년 이후 제도화된 컨설팅 장학은 장학에 컨설팅의 원리와 방법을 도입한 교원 전문성 개발활동이다. 효과적인 컨설팅 장학을 위해 장학요원의 전문성 신장 요구가 높아지고 있다. 컨설팅 장학이 좋은 취지로 도입되었지만 원과 교사들의 자발성이 부족하다는 지적도 높은 상황이다.

CHAPTER 02

원내 자율장학의 개념

1. 장학에 대한 인식의 전환
2. 자율장학의 개념과 종류
3. 원내 자율장학의 개념
4. 원내 자율장학의 특성
5. 원내 자율장학의 영역
6. 원내 자율장학의 담당자 : 경력교사와 멘토
7. 자율장학 담당자의 역할과 자질
8. 자율장학의 활성화를 위한 교원들의 노력

CHAPTER 02

원내 자율장학의 개념

1. 장학에 대한 인식의 전환

자율장학을 시행하기 위해서는 장학에 관계되는 교육행정가, 교육전문직, 교원들이 장학에 대해 새로운 인식을 가질 것이 요구된다.

첫째, 장학은 교육행정기관을 위한 활동이 아니라 교육기관을 위한 활동이다. 이는 지극히 당연해 보이지만 교육행정기관이나 교육기관에서 이에 대한 오해가 많았다. 전통적으로 교육기관은 장학의 객체로서 소극적이고 파동적인 입장에 있었다. 그러나 이제 교육기관이 장학의 주체로 보다 능동적이고 적극적으로 나름대로의 독특한 상황과 조건을 고려해 장학을 실천하려는 노력이 요구된다.

둘째, 장학은 장학사들만이 하는 활동이 아니라 교육기관 내의 원장, 원감, 일반 교직원 모두가 함께하는 활동이다. 이제는 장학을 역할로 보기보다 과정으로 보려는 노력이 요구된다. 장학을 과정으로 보면 교육기관에서 어떤 형태로든지 교육활동의 개선과 관련해 주고받는 공식적 또는 비공식적, 전문적 또는 일상적 지도 · 조언에 관여하는 모든 사람은 장학활동에 참여하는 것이다.

셋째, 장학은 지시 · 감독 · 통제 위주의 활동이 아니라 지도 · 조언 · 자율 위주의 활동이다. 교육활동에 종사하는 교직원들의 전문적 자율성과 교육기관의 자율성도 최대한 존중되어야 한다.

넷째, 장학은 교사들에게 귀찮고 부담을 주는 활동이 아니라 교사들이 교직생활 동안 계속적으로 성장 · 발달하도록 도와주는 가치 있는 활동이다. 교사들 스스로가 장학이 본질적으로 교육발전, 교육기관 발전, 그리고 교사 자신의 전문적 · 개인적 성장 · 발달을 위해 꼭 필요한 것임을 충분히 이해하고 장학에 대한 보다 긍정적이고 수용적인 인식과 자세를 가지려고 노력해야 한다.

장학은 교사들의 필요와 요구를 바탕으로 한 다양하고 개별적인 성격의 활동이다. 교사들의 성장 · 발달을 도와주는 장학활동은 대화와 협의를 통해 교사의 필요와 요구에 대한 이해를 높이고 이에 부응하기 위한 적절한 장학방법을 선정 · 활용하는 방향으로 전개되어야 할 것이다. 교사들의 교직 경험과 개인적 경험이 다르기 때문에 장학활동도 다양화 · 개별화 · 구체화되어야 한다.

2. 자율장학의 개념과 종류

1) 자율의 개념

장학의 초점은 교육기관에서 실제로 전개되고 있는 교육활동이 된다. 장학활동을 전개함에 있어 독특한 상황과 조건을 갖게 되는 조직체로서의 교육기관과 교직원들의 자율성은 존중되어야 한다. 교육기관의 자율성과 교직원들의 자율성을 존중하는 장학은 전통적으로 교육기관 외부로부터 주어져 오던 장학의 약점을 보완할 뿐 아니라 장학 본래의 기능을 회복시키는 중요한 기능을 할 것이다.

자율성 행사의 주체가 되는 교육기관이나 개인 혹은 공동체는 자율성을 올바르고 합당하게 행사하려는 의지와 태도가 필요할 뿐 아니라 이를 행사할 수 있는 능력도 구비하고 있어야 한다. 자기책임을 수반하지 않는 자율성은 무사안일이나 방종에 이르게 된다.

2) 자율장학의 개념

자율장학의 일반적인 개념은 원칙적으로 교육행정기관의 지시 없이 교육기관 또는 인접한 교육기관 간, 교원 간에 교육활동의 개선을 위하여 자율적으로 수행하는 장학활동이다. 이제 교육기관이 장학의 주체로서 보다 능동적이고 적극적으로 나름대로의 독특한 상황과 조건을 고려하여 장학을 실천하려는 노력이 요구된다.

원내 장학이라는 용어는 대체로 장학이 일어나고 있는 장소로서의 교육기관의 자율성, 그리고 원장의 지도성을 강조한다. 현실적으로 교육기관 외부의 담당자들이 내부의 제반 조건, 교육활동의 실제와 문제점, 그리고 조직풍토를 비롯한 여러 복잡한 요인을 충분히 인식 · 이해하기에는 많은 어려움이 있다. 장학활동의 효과를 높이기 위해서는 교사들이 생활하고 있는 교육기관의 현실을 충분히 고려한 장학활동의 내용과 방법을 구안하려는 노력이 필요하다.

3. 원내 자율장학의 개념

원내 자율장학은 유치원에서 교육활동의 개선을 위하여 자율적으로 원감 · 원장을 중심으로 하여 전체 교직원들이 상호 이해와 협력을 기초로 하여 서로 지도 · 조언하는 활동이라 볼 수 있다. 이러한 활동이 원활하게 이루어지기 위해 원장은 장학책임자로서 가능한 한 교직원들의 자율성을 보장할 수 있는 바람직한 지도 · 조언자가 되어야 한다. 교직원들이 적극적으로 장학에 참여할 수 있는 분위기와 여건을 조성하고, 장학에 대해 긍정적인 인식을 가지고 동기유발이 되도록 필요한 조건을 마련하는 데 민주적이고 합리적인 지도성을 발휘해야 한다.

장학요원이란 직위라기보다 수업장학을 지원하는 멘토를 의미하며 평가자의 역할수행보다는 지도자로서의 역할수행이 바람직하다(박은혜, 1999). 장학요원인 장학사, 원장, 원감은 장학에 필요한 지식과 기술을 발달시키고 초임교사뿐 아니라 모든 교사의 수업의 질적 향상을 지원하게 된다.

교직은 다른 전문직과 달리 수습기간의 과정 없이 자격증을 받은 뒤 바로 교사의 역할을 수행하게 된다. 이 같은 교직의 특성 때문에 체계적인 교육실습을 경험하지 못한 초임교사 혹은 한 학급규모의 유치원 교사 경험을 가진 경력교사에게 체계적인 교육을 받은 경력교사와 동일한 수준의 동일한 과제를 요구하는 것은 무리다.

4. 원내 자율장학의 특성

1) 원 중심성

원내 자율장학은 교육기관이 주체가 되며 교육기관의 인적 · 물적 조건 및 조직적 · 사회 심리적 특성을 기초로 이루어진다. 교육행정기관에서 유치원을 대상으로 하는 전통적 장학에서 유치원은 장학의 객체로 피동적이고 소극적인 입장에 있었으나 원내 장학에서 유치원은 장학의 주체로 능동적이고 적극적이며 독립적으로 독특한 상황과 조건을 고려하여 장학을 실천함으로써 그 효과를 높일 수 있다.

2) 자율성

원내 자율장학은 외부의 통제 없이 단위학교의 구성원이 스스로 교육활동 개선을 위해 장학활동을 계획하고 실천해 나가며 그 결과에 대해 스스로 책임지는 것을 중요시한다. 이런 과정에서 유치원과 교직원의 자율성은 최대한 존중되어야 한다. 특히 원장은 원내 자율장학의 책임자로서 외부로부터의 간섭을 배제하는 역할과 원내 교사들의 자율성을 보장하는 역할에 충실해야 할 것이다. 이때 원내 자율장학은 기대한 효과를 얻을 수 있다.

3) 협력성

이 특성은 원내 자율장학의 과정에서 공동노력이 중요하다는 것을 의미한다. 원내 자율장학은 원에서 원장 · 원감을 중심으로 하여 부장교사, 교사, 일반직원들이 협력적이고 참여적인 공동노력을 통해 이루어지며 경우에 따라 외부로부터 필요한 협력을 얻을 수 있다. 교직원들이 원내 자율장학에 대해 긍정적인 인식을 가지고 동기유발되는 것이 필요하며 필요한 경우 외부 교육행정기관, 인근 유치원, 학부모 또는 지역사회 인사들로부터 협력을 받을 수 있다.

4) 다양성

이 특성은 원내 자율장학의 구체적인 내용과 방법이 다양화되어야 한다는 것을 의미한다. 각 원은 조건, 교직원들의 필요와 요구에 기초해 다양한 형태로 운영된다. 교직원들의 교직경력, 담당업무, 성별, 연령 등의 요인에 따라서도 원내 장학의 내용과 방법은 개별화 · 다양화되어야 한다. 원활한 원내 자율장학을 위해서는 다양성의 관점으로 접근하는 것이 필요하다.

5) 계속성

원내 자율장학은 일시적이고 단기적 과정이 아니라 계속적이고 장기적인 과정이다. 기존의 교육행정기관 중심의 장학은 일시적이고 단기적인 성격이 강했다. 또 장학을 받는 원도 형식적으로 하는 경우가 많고 효과도 크지 않았다. 교육활동은 본질적으로 계속적이고 장기적인 과정이므로 교육활동 개선을 위한 원내 자율장학도 계속적이고 장기적인 과정이 되어야 한다. 일시적이고 단기적 보여주기식 장학은 수업 개선의 목적을 달성할 수 없다. 장학활동의 효과를 위해서는 지속적인 원내 자율장학이 필요하다.

6) 자기발전성

원내 자율장학은 목적상 영유아교육기관의 기관으로서 자기발전을 추구할 뿐 아니라 영유아교육기관의 조직원으로서 원장 · 원감 · 부장교사 · 교사 · 직원 등 모두의 자기발전을 도모할 수 있는 과정이다. 협력적 상호 관계 속에서 이루어지는 원내 자율장학에서는 장학담당자도 자기발전의 기회를 가질 수 있다. 즉, 원장과 원감도 교사들을 도와주는 역할뿐 아니라 그들과의 협력적 상호작용을 통해 자신들의 발전을 위한 유익한 자극이나 정보를 얻을 수 있다.

5. 원내 자율장학의 영역

1) 교사의 전문적 발달영역

교사의 전문적 발달영역은 교육과정 운영에 초점을 두어 교사들이 교과지도, 생활지도를 포함하는 교육활동 전반에 있어 안정 · 숙달 · 성장을 도모하는 데 관련되는 내용을 의미한다.

교사의 전문적 발달과 관련하여 다룰 수 있는 내용은 교육철학 및 교직관, 교육목표 및 교육계획, 교육과정 및 교과지도, 창의적 체험활동지도, 생활지도, 학급경영, 교육기자재 및 자료활용, 컴퓨터 활용, 교육연구, 학부모 · 지역사회 관계, 교육정보 · 시사 등이다.

내 용	예시활동
교육철학 및 교직관	교육철학 및 현대교육사조에 관한 연수, 교사의 직무, 사명감 등에 관한 연수
교육목표 및 교육계획	교육목표 수립에 관한 연수, 협의, 공동작업
교육과정 및 교과지도	교육과정 편성 및 운영에 관한 연수, 원내 · 원외 교과협의회(연구회) 활동, 녹음 · 녹화를 통한 수업분석 활동, 몬테소리 교육에 대한 연수, 유치원 · 초등교육 연계지도에 관한 연수, 유치원 혼합반 운영에 관한 연수
창의적 체험활동지도	유치원 행사의 계획과 실천에 관한 연수, 체육행사에 관한 연수, 연구, 협의
생활지도	유아 특성에 관한 연수, 생활지도의 이론과 실제에 대한 연수, 상담기법에 관한 연수, 각종 심리 · 인성 검사 활용방법에 관한 연수
학급경영	학급경영의 이론과 실제에 관한 연수, 학급환경 조성에 관한 연수
교육기자재 및 자료활용	멀티미디어 기자재 활용에 관한 연수, 각종 교구 및 자료활용에 관한 연수, 연구 및 관련 자료 공동 제작
컴퓨터 활용	컴퓨터 활용법에 관한 연수, 컴퓨터를 활용한 학습 지도안 및 수업자료에 관한 연수 및 공동 제작, 컴퓨터를 이용한 각종 소프트웨어 공동 개발
교육연구	현장연구 방법에 관한 연수, 현장연구의 개인 추진 또는 공동 추진, 각종 연구대회 및 공모전에 출품
학부모 · 지역사회 관계	교사와 학부모 관계 및 학부모 면담 기법에 관한 연수, 학부모의 유치원 교육 참여 방안에 관한 연구, 가정통신문을 활용하여 유치원 홍보 및 학부모 참여 유도 연구
교육정보 · 시사	변화하는 교육정책 · 제도 및 교육개혁에 관한 연수, 각종 교육에 관련된 사회적 이슈나 문제에 대한 연수

2) 교사의 개인적 발달영역

교사의 개인적 발달영역은 교사 개인에 초점을 두어서 개인적 · 심리적 · 신체적 · 가정적 · 사회적 영역에서 안정 · 만족 · 성장을 도모하는 데 관련된 내용을 의미한다. 보다 효과적인 교사의 전문성 신장을 위해 교사 개인의 심리정서적인 발달을 포함하는 개인적 발달과 사회적 · 조직적인 개선을 포함한 조직적 발달을 위한 장학이 제공되어야 한다.

교사의 개인적 문제해결을 위한 도움을 제공하는 것은 장학의 기본 관심사가 된다. 교육기관에서의 모든 활동은 교사의 정신적 건강의 기초 위에 이루어지는 것이다. 장학담당자는 교사의 마음 속에 가진 걱정이나 근심거리가 쌓여 있는 한 교수활동의 개선을 위해 그들과 일한다고 하는 것이 무의미한 일임을 깨달아야 한다. 장학담당자는 근심, 걱정, 두려움에 쌓여 있는 교사들에게 훌륭한 교사가 되라고 강요할 수 없다(Wiles& Lovell, 1975).

교사의 개인적 발달에 관련하여 다룰 수 있는 내용은 교사의 신체적 · 정서적 건강, 교사의 성격 및 취향, 교사의 가정생활, 교사의 사회생활, 교사의 취미활동, 교사의 종교활동 등이다.

내 용	예시활동
교사의 신체적 · 정서적 건강	직업병, 성인병에 관한 예방 · 치료에 대한 강좌, 스트레스 해소 방법에 관한 연수, 교직원 휴게시설 구비 · 활용
교사의 성격 및 취향	교직원 MBTI 검사 실시, 긍정적 자아개념과 적극적 사고방식에 관한 연수
교사의 가정생활	바람직한 가족관계 기법에 관한 연수, 자녀와의 대화기법 연수, 교직원 가족 친목의 날 행사
교사의 사회생활	시간관리 기법 연수, 대화기법 연수, 인간관계 기법 연수, 자기관리 및 자기표현(의상, 메이크업) 연수
교사의 취미생활	교직원 취미 · 특기 활동, 교직원 작품 전시회
교사의 종교활동	교직원 종교활동

3) 원의 조직적 발달영역

원의 조직적 발달영역은 유치원 조직의 전체적 개선에 초점이 있다. 대체로 원의 조직환경 및 조직풍토를 긍정적으로 변화시켜 유치원 내에서의 교사의 삶의 질을 높이고 원 조직의 목표를 효과적으로 달성하는 데 관련되는 내용을 의미한다.

원의 조직적 발달과 관련하여 다룰 수 있는 내용은 원 경영계획 및 경영평가, 원 경영조직, 의사소통 및 의사결정, 교직원 간 인간관계, 교직원 인사관리, 원 재정 · 사무 · 시설관리, 원 제규정, 원의 대외적 관계 등이다.

여기서 주의할 점은 원의 조직적 발달을 도모한다고 해서 교사들이 직접 원 운영과 의사결정을 주도하거나 직접 교직원 인사관리를 하거나 원의 재정 · 사무관리를 해야 한다는 것은 아니다. 일반적인 경영이나 종합적인 의사결정, 그리고 교직원 인사관리는 원장 · 원감이 담당하고 책임을 져야 하는 것이다.

원내 자율장학에서 원의 조직적 발달을 위한 내용을 다룰 수 있다고 하는 것은 교사들로 하여금 그러한 내용에 대해 필요한 지식이나 정보, 이해를 가지도록 도와주고, 이를 토대로 유치원 조직 운영이 보다 합리적이고 협력적인 방향으로 이루어져야 한다는 것을 의미한다.

내 용	예시활동
원 경영계획 및 경영평가	원 경영계획서 작성을 위한 협의, 교사 참여
원 경영조직	분장 편성을 위한 협의, 설문조사
의사소통 및 의사결정	각종 협의회의 충실한 운영, 원장 · 교직원 간 대화의 시간 운영, 효과적인 의사결정 및 회의진행 방법에 관한 연수
교직원 간 인간관계	교직원 단합을 위한 현장연수 · 여행, 인간관계 기법에 관한 연수
원 재정 · 사무 · 시설관리	원 예산편성 계획 및 진행 내역의 투명화, 행정 업무의 전산화
원 제규정	교육 관련 법규 및 규정에 관한 연수
원의 대외적 관계	학부모 · 지역 인사들과의 유대관계, 관내 기관과의 유대관계, 지구 자율장학 참여

6. 원내 자율장학의 담당자 : 경력교사와 멘토

교육기관에서 원내 자율장학을 담당하는 교사는 원장 · 원감, 부장교사, 주임교사 등 경력교사이다.

1) 경력교사

경력교사는 수업을 중심으로 교육과정의 계획 · 운영에서부터 행사에 이르기까지 모든 분야에서 유능할 것이라고 여겨지고 있다. 경력교사는 지도교사 역할과 책임에 대한 기대 때문에 받는 스트레스가 매우 높다. 경력교사는 유능한 리더교사가 되고 싶은 마음과 현장에서 책임을 져야 하는 부분, 유치원 교사생활 이외에 개인의 발전과 관심의 영역을 넓히고 싶은 것 등으로 심리적 혼란을 겪고 있다(이현옥 외, 2017).

(1) 경력교사에게 기대되는 능력

주임교사 또는 지도교사, 부장교사라는 호칭을 부여받은 경력교사는 그 직책에 대한 능력과 역할수행에 있어 다음과 같은 기대를 받는다.

- 풍부한 지식을 가지고 교수계획, 교수활동, 교수 이후의 활동을 결정할 때 상호관련성을 고려해야 한다.
- 교수계획에서 유아의 경험, 반응에 따라 교수-학습계획을 수정하고 유아들에게 적합한 활동, 방법, 교구 등을 계획해야 한다.
- 교수활동에 있어 유아의 놀이가 심화되고 확장될 수 있는 상호작용을 전개하고 유아의 요구와 교육적 가치를 고려한 교수방법을 적용해야 한다.

- 교수방법을 적용한 이후에도 자신의 행동과 유아의 반응을 관찰해 교육의 효율성을 평가할 수 있다.
- 수업을 계획하면서 유아들이 알고 있는 것을 교육내용에 결합시키고 유아들의 요구에 따라 수정해야 한다.
- 유아의 행동을 지원하기 위해 행동적 단서를 인식하고 유아에게 동기를 유발시키고 감정을 조절하는 실천적 전략을 사용해 여러 문제를 해결할 수 있다.

(2) 경력교사의 어려움

경력교사에 대한 기대, 유능할 것이라는 막연한 기대로 인해 경력교사 자신이 모르는 것이 있어도 질문하거나 조언을 구하지 못한 채 어려움에 직면하고 있다. 초임교사 때부터 체계적인 지도교사 교육과정을 받아본 경험이 없는 교사들도 많이 있다.

유치원 경력교사 유형을 분류해 보면 3~5년 경력을 가지고 학급운영만 하는 교사, 3~5년이면서 주임교사 역할을 함께하는 교사, 5년 이상 경력을 가지고 학급운영만 하는 교사 등으로 나누어 볼 수 있으며, 이들의 어려움은 다음과 같이 정리할 수 있다.

- 경력이 3~5년의 주임교사 역할을 하는 경력교사는 처음 유아와 기관을 접할 때처럼 주임교사 역할에 대해 기대를 하면서도 부담을 느낀다. 또 경력교사에 대한 원장과 후배교사의 기대로 심리적 부담이 크다고 하였다. 행사진행의 경우 계획부터 모든 일을 총괄해야 하는 부담이 크며 교사회의를 진행하고 이끌어가는 능력이 부족하다고 느낄 때 수업과 무관하게 교사로서의 효능감이 떨어진다고 하였다.

- 경력이 4~5년 차인 교사는 영유아교육기관 생활에 회의감을 느꼈다. 유치원 운영에 필요한 통신문, 공문서 작성의 미숙함, 유치원 업무를 파악하고 관리할 능력 부족에서 오는 경우가 많다. 교육과 관련된 후배교사의 질문에 적절한 대안 찾기의 어려움과 부모상담 등의 미숙함으로 어려움을 느끼기도 한다.

이와 같은 어려움을 느끼는 경력교사도 지도교사로서의 적합한 역할수행이 가능하도록 세심한 관찰과 지원을 제공받아야 한다.

2) 멘토의 자질과 능력을 지닌 지도교사

경력교사가 지도교사로서의 역할을 담당할 때 발생할 수 있는 문제를 해소하기 위해 멘토 역량을 지닌 지도교사가 원 내에 1명 이상 필요하다.

지도교사는 멘티를 돌보아 주며 성장과 발달을 도와주는 지도자로서 멘토에게 필요한 능력은 기술을 제공하거나 다른 사람과 지식영역을 공유하는 것 이상으로 멘티를 이해할 수 있는 능력이다.

지도교사는 초임교사를 지도하는 역할을 수행해야 하고 각각 다른 상황과 맥락에서 초임교사나 실습생 지도를 해야 하기 때문에 지도교사 자신의 반성적 사고능력이 필요하다. 따라서 지도교사는 교직에 대한 열의와 인성적 · 개인적 자질을 갖추고 다른 사람을 도우려는 의지가 있어야 한다. 또 전문적 자질을 갖추고 발전적 교수능력 및 다양한 교수방법 수용 등 개방적인 자세로 전문적 발달을 위해 노력해야 하며 자신의 모든 활동에 반성적 사고로 평가할 수 있어야 한다.

7. 자율장학 담당자의 역할과 자질

1) 교육전문직의 역할과 자질

장학관, 장학사, 교육연구관, 교육연구사를 지칭해 교육전문직이라 한다. 교육전문직은 교사의 교직 전문성을 지원 · 조장하며 교육행정에 관련된 독자적이고 특수한 직무를 수행하고 직무수행에 있어 고도의 지식을 토대로 하는 지적 · 기술적 수월성을 필요로 한다.

교육전문직이 갖추어야 할 자세는 다음과 같다(서울특별시교육연구원, 1995).

- 최고의 전문성을 갖춘 교육봉사자로서의 자각 : 교육현장의 당면 문제를 창의적으로 해결할 수 있는 조언자로 교육정보와 아이디어를 제공할 수 있는 최고의 전문성을 갖춘 봉사자라는 의식과 자부심을 가져야 한다.
- 수업장학 전문가로서의 인식 : 교사들에게 수업지도력을 발휘하고 시범을 보일 수 있어야 한다.
- 교육정보의 제공자 및 교육현장 문제해결을 위한 협력자로서의 태도 : 현장교사들이 교육현장에서 느끼는 문제점과 애로점을 찾아내고 사전에 감지하여 그들이 필요로 하는 교육자료와 교육정보를 신속히 제공해 고민을 풀어주는 교육정보의 제공자 및 중개자가 되어야 한다.
- 신뢰할 수 있는 인간관계 조성자로서의 자세 : 언제라도 필요한 경우에 교육전문직을 찾을 수 있고 문제해결을 요청할 수 있는 인간관계가 중요하다. 이를 위해 민주적으로 교육문제 상담에 임해야 한다.
- 교육체제의 발전 및 교육의 질 관리를 위한 지도자로서의 자질 향상 : 교육에 대한 높은 안목과 사명감을 가지고 자질을 향상시켜야 한다.

2) 원장의 역할과 자질

원장은 원의 최고 경영책임자이다. 원장은 강한 의지와 인식을 가지고 민주적이고 합리적인 지도성을 발휘하여 교직원에게 동기를 부여하고 격려하며 지도·조언하는 것이 필요하다.

원장이 현장에서 교내 자율장학의 지도자로서 그 역할을 수행해 나가는 데는 Katz가 제시한 행정가에게 요구되는 세 가지 기술이 좋은 시사를 준다(이윤식, 2022).

- 실무적 기술 : 담당한 직책에서 맡게 되는 기능 또는 과업을 수행하는 데 요구되는 능력과 기술을 말한다.
- 인화적 기술 : 다른 사람들과 함께 일하고 또 그들을 동기유발하는 능력과 기술을 말한다.
- 전체 파악적 기술 : 조직을 내부뿐 아니라 조직 외부와의 관계 속에서 전체적으로 볼 수 있으며 하부 조직들의 활동을 전체 조직의 목표달성을 가능하도록 하는 방향으로 통합할 수 있는 능력과 기술을 의미한다.

3) 원감의 역할과 자질

원감은 원장을 보좌하며 원장과 교사 간에 교량적 역할을 할 뿐 아니라 교사와 교사, 교사와 직원 간에도 교량적 역할을 하게 된다. 원감도 원장과 마찬가지로 교직원들로부터 전문적인 면에서의 지식과 능력에 있어서나 인간적인 면에서의 인격과 품위에 있어 존경받을 수 있는 지도자가 되도록 최선의 노력을 해야 한다.

원내 자율장학에서노 원장의 장학 기능을 전문적으로 보좌하는 위치에 있으므로 적절한 지도성을 발휘하기 위해 요구되는 인화적 기술, 경영적 기술, 실무적 기술을 갖추도록 노력해야 할 것이다.

4) 부장교사의 역할과 자질

부장교사는 원장과 원감을 보좌하여 업무를 수행하게 된다. 실무적 중간지도자인 부장교사는 원장 · 원감과 교사를 연결하는 교량으로 다음과 같은 자세를 갖추도록 해야 한다.

첫째, 다른 교사들을 군림하기보다 동료적 위치에서 솔선수범하는 자세로 지도성을 발휘하도록 노력한다.

둘째, 다른 교사들에 비해 담당하는 업무와 지도하는 교과에 대해 높은 지식과 기술 및 능력과 자질을 구비하도록 노력한다.

셋째, 다른 교사들과 좋은 인간관계를 맺도록 하며 교사 간 인화 조성에 노력한다.

넷째, 다른 교사들의 능력을 발견하여 그것을 키워주고 활용하도록 노력한다.

다섯째, 다른 교사들에게 성실하고 긍정적이며 적극적인 자세를 보이도록 노력한다.

여섯째, 원장, 원감, 교사들과의 상하좌우 의사소통이 원활히 이루어지도록 노력한다.

일곱째, 중간관리자 역할을 한다는 점에서 행정활동에서도 적절한 소양을 쌓도록 노력한다.

8. 자율장학의 활성화를 위한 교원들의 노력

1) 원장 · 원감의 노력

첫째, 원장 · 원감은 원을 경영하는 과정에서 자율장학을 실시하는 중에 일부

교사들의 문젯거리나 불평불만을 두려워하지 말고 교육자적인 원칙을 확고히 지켜나가는 것이 필요하다.

둘째, 인간적인 면에서 그리고 전문적인 면에서 솔선수범해야 한다. 스스로 공사를 분명히 하고 언행에 있어 주의하며 사생활이나 교직생활에서 도덕성을 지키며 끊임없이 연구하고 배우려는 자세를 가지고 노력하는 모습을 교사들에게 보여야 한다.

셋째, 혼자 일하려 하지 말고 다른 교사들과 더불어 일하도록 노력해야 한다.

넷째, 교사들의 작은 성취라도 칭찬하고 격려해야 한다. 의식적으로 교사의 장점을 찾아 칭찬하고 격려해야 한다.

다섯째, 원내 자율장학의 활성화를 위해 새롭고 흥미 있는 방법을 연구 · 실천해 보는 것이 필요하다.

여섯째, 원내 자율장학의 활성화를 위해 조직을 개선하고 활용하려는 노력이 요구된다. 또 동료교사들 간에 협조적이고 허용적이며 전문적인 개인발달을 위해 자연스럽게 도움을 주고받을 수 있는 분위기를 조성하는 것이 필요하다.

일곱째, 원내 자율장학의 활성화를 위해 원에서 자체적으로 할 수 있는 일을 찾아보려 노력해야 한다.

여덟째, 원장 · 원감이 원내 자율장학의 내용, 방법, 대상을 포함하여 관련된 영역에 대해 충분한 전문적 태도, 이해, 지식, 기술을 갖추어야 한다.

아홉째, 원장 · 원감은 민주적 지도성을 키우고 이를 적절히 행사하려 노력해야 한다.

열째, 원내 자율장학 책임자인 원장 · 원감은 원내 자율장학 여건의 충실화를 위해 노력해야 한다. 이에 필요한 시간적인 여유와 물적 · 재정적 여건이 적절히 마련되어야 한다.

2) 부장교사의 노력

첫째, 자율적으로 장학활동을 연구 · 계획 · 실천 · 평가하는 데 있어 부장교사의 역할과 기능의 중요성에 대한 인식이 높아져야 한다. 이에 대한 확고한 사명감, 직무의식, 직무능력을 갖추어야 한다.

둘째, 중간관리자로서 예비원감, 예비원장으로서 요구되는 지도성을 습득 · 배양하기 위한 노력을 해야 한다.

셋째, 원에서 중견교사이자 선배교사로서 교육자적 원리원칙을 지키고 전문성 신장을 위해 노력하고 솔선수범해야 하며 지혜롭게 필요한 지도와 조언을 해주어야 한다. 또한 먼저 수업연구나 수업공개, 약식장학을 받는 것도 전체 교사가 자율장학에 참여하도록 유도하는 촉진제가 될 수 있다.

3) 교사들의 노력

첫째, 교사의 입장에서 장학은 귀찮고 부담을 주는 활동이 아니라 교사들이 교직생활의 전체 기간 동안 계속적으로 성장 · 발달할 수 있게 돕는 가치 있는 활동이라는 인식을 가져야 한다.

둘째, 원에서 이루어지는 자율적 동료장학과 자기장학에 적극적으로 참여해야 한다.

CHAPTER 03

교사의 성향과 발달수준 이해하기

1. 관계형성의 단계
2. 발달수준 파악의 단계
3. 지도계획 수립의 단계

CHAPTER 03

교사의 성향과 발달수준 이해하기

교사의 성향과 발달이 교육에 미치는 영향은 매우 크다. 수업 운영에서는 교사의 성향, 예를 들어 융통성이나 계획성에 따라 수업 분위기와 영유아의 참여 방식이 달라질 수 있다. 또한 영유아와의 관계에서는 감정적 안정성과 공감 능력이 높을수록 영유아와 긍정적인 관계를 형성할 수 있다. 문제상황 대처에서는 성찰력과 발달수준이 높은 교사는 문제상황에 대해 융통성 있고 효과적으로 대처할 수 있다. 영유아 발달 측면에서 교사의 언어, 감정표현, 태도가 영유아의 자존감이나 사회성, 감정 조절 등에 직접적인 모델이 될 수 있다.

교사의 성향이 온정적이고 배려가 많으면 감정 공감이 뛰어나고 따뜻하며 영유아가 정서적으로 안정되고 자기표현이 활발해질 수 있다. 교사가 규칙 중심이고 구조적이라면 명확한 규칙과 절차를 중시하며 질서 있는 수업 분위기, 책임감 있는 행동을 유도하게 된다. 교사의 성향이 융통성 있고 창의적이라면 자유로운 분위기와 유연한 특징이 있으며 영유아가 창의적 표현을 하고 자기주도성을 증진하게 될 수 있다. 교사가 통제적이고 지시형이라면 주도적이며 교사 중심의 지도를 하고 영유아는 복종과 수동적 참여를 할 가능성이 있다.

교사발달이란 교사가 교직생활을 통해 교수기술과 지식 및 행동, 태도와 기대 및 관심사, 그리고 직업 관련 제반 사건 측면에서 보이게 되는 일련의 변화를 의미한다. 즉, 교사는 교직생활 전 과정에서 끊임없이 변화해 가며, 특히 자신의 교육관과 교수기술은 물론 교사로서의 자기이해 측면이나 인간관계 등의 생태적 측면에서도 깊이 있게 발전해 간다.

교사의 발달단계를 제시한 학자 중 Katz(1972)는 교사의 발달과정을 생존기(초임~1년), 강화기(1~3년), 갱신기(3~5년), 성숙기(5년 이상)로 구분하였다. 생존기는 교사로서 성공을 기대하지만 실제 현장에서 느끼는 불일치로 무능감을 느껴 자신이 교사로 살아남을 수 있을까 고민하는 시기이며, 강화기는 문제 영유아와 문제상황에 관심을 갖기 시작하고 일반 영유아와 다른 행동을 보이는 개별 영유아에 관심을 갖기 시작한다. 갱신기에는 같은 일을 하는 데 회의감을 느끼게 되어 자신의 갱신을 심각하게 고려하며, 성숙기에 도달하면 교사가 자신을 교사로 인정하게 되어 보다 깊고 추상적인 질문을 스스로에게 던지며 자신을 발전시켜 나갈 수 있게 된다고 보았다. 교사들의 교직경험이 많아짐에 따라 그들의 연수욕구는 달라지며, 이는 교사들의 발달단계에 따라 서로 다른 연수의 내용 및 방법을 사용해야 함을 시사한다.

Huberman(1989)은 교사발달의 단계를 생존발견 단계, 안정화 단계, 실험주의적 단계, 재평가 단계, 평온 단계, 보수주의 단계, 이탈 단계 등으로 구분하였다. 생존발견 단계는 교직생활의 첫 단계로 교직현장에 입문해 적응하면서 교사양성과정에서 배우지 못했던 것을 발견·적응해 가며 교사로서 자리매김해 나가는 단계이다. 실험주의적 단계는 교직현장에서 지각하게 되는 장애나 어려움에 대해 변화나 개혁을 시도하려는 단계이다. 재평가 단계는 실험주의적 단계에서 교사가 시도하는 변화나 개혁의 과정과 결과에 대해 의혹감이나 실망감을 느끼면서 자신을 되돌아보는 단계이다. 평온 단계는 교사가 충분한 교직경력을 갖추게 되어 자신감과 수용감을 느끼면서 교직생활을 비교적 평안하게 해

나가는 단계이다. 보수주의 단계는 교직생활의 후반부에 변화나 개혁보다 현실에 대한 만족과 안정감을 느끼면서 현실 수긍적 자세로 교직생활을 해나가는 단계이다. 이탈 단계는 교직생활을 마감하거나 다른 직업으로의 전직을 고려하고 준비하는 단계이다.

Katz가 연구한 바와 같이 교사들이 교직생활 중에 교직경력을 쌓아감에 따라 대체로 성숙도가 낮은 상태에서 보다 높은 상태로 순차적 모양으로 발달한다는 모형을 직선적 · 순차적 교사발달 모형이라 하며, Huberman이 제시한 것을 순환적 · 역동적 교사발달 모형이라 한다. 순환적 · 역동적 교사발달 모형은 교사들이 교직생활 중에 교직경력을 쌓아감에 따라 교사들이 경험하는 개인적 환경과 조직적 환경의 여러 요인들의 영향으로 인해 다양하고 순환적 모양으로 발달해 나간다고 주장한다.

김경미(2012)의 영유아교사의 발달단계에 따른 현장문제 인식의 차이에 관한 연구에서는 생존 단계, 강화 단계, 성숙 단계의 교사들은 유아의 교수–학습에 대해 높은 발생빈도를 나타냈고, 갱신 단계의 교사들은 프로그램, 기관장과의 관계를 제외한 모든 문제, 즉 영유아의 교수–학습, 교사의 능력개발, 동료와의 관계, 부모와의 관계, 제도, 시설설비, 시간운영에 대해 높은 발생빈도를 나타냈다. 영유아교사가 인식하는 현장문제의 어려움 정도는 갱신 단계의 교사들이 모든 문제에 어려움을 나타냈다. 그러나 교사의 발달수준이나 단계는 단순하고 직선적이며 순차적이라기보다 복합적이고 역동적이며 순환적인 것이라 볼 수 있다(김옥, 2016).

교사발달에 영향을 미치는 개인적 환경의 특징은 다음과 같다(이윤식, 2022).

첫째, 자녀의 출생과 양육의 경험이 교사발달에 긍정적 요소와 부정적 요소로 동시에 영향을 미치고 있다. 자신의 자녀를 키워봄으로써 유아를 보다 잘 이해하고 사랑하게 되며 학부모의 심정을 이해하게 된다. 그러나 자녀양육과 교직생활을 병행하는 데서 오는 어려움이 많을 수 있다.

둘째, 결혼은 남녀 교사에게 상이하게 교사발달에 영향을 미친다. 대체로 남교사는 결혼 후 가정적으로 안정감을 얻게 되고, 여교사는 가사로 인해 교직생활에 부담이 많아진다.

셋째, 방통대나 대학원에 진학하는 것이 교사발달에 긍정적으로 영향을 미치기도 하고 부분적으로는 교직생활과 학업생활을 병행하는 데서 오는 부담감도 적지 않은 것으로 보인다. 새로운 지식을 배워 교직생활에 활용하는 교직 전문성을 키울 수 있으나 부득이 원아 지도나 학급운영에 소홀해질 수도 있다.

넷째, 가족구성원의 질병이나 사망은 교사발달에 크게 영향을 미친다. 개인적 고통이나 불행은 교직생활에 영향을 미칠 수밖에 없다. 이런 상황에서 관리자는 교사들의 가정적 입장을 이해하고 따뜻한 배려를 보여 교사가 빠른 시기에 개인적 고통과 불행을 극복하고 교직생활에 안정을 되찾게 도와야 한다.

교사발달에 영향을 미치는 조직적 환경을 살펴보면 다음과 같다.

첫째, 원장 · 원감과 같은 관리자가 교사발달에 영향을 미친다. 존경할 만한 관리자를 만나 교직에 긍정적 인식을 가지고 적응 · 발달해 나가는 경우와 반대로 권위적이고 무능한 관리자를 만나 적지 않은 갈등과 실망을 느끼는 경우가 많다.

둘째, 선배교사가 교사발달에 영향을 미친다. 교직 초기단계에 교사가 교직에 적응 · 발달해 가는 데 선배교사로부터의 도움과 지도가 매우 유익하다. 그러나 동시에 선배교사의 무사안일한 자세, 원에 대한 불평이나 불만, 후배교사에 대한 권위적인 자세는 커다란 실망감을 안겨줄 수 있다.

셋째, 동료교사 간 서로 도움을 주고 유대감을 형성하는 것이 교사가 교직에 적응·발달해 가는 데 유익하다. 서로 좋은 정보, 아이디어, 지식, 경험 등을 교환하기도 하고 때로 관리자나 원에 불만스러운 것에 대해 사적인 대화의 자리를 통해 스트레스를 푸는 경우도 있다.

넷째, 선배교사가 되어 후배교사에게 도움을 주거나 실습생을 지도하는 경험이 교사의 성장·발달에 유익하다. 후배교사나 교생과의 접촉을 통해 자신이 가지고 있는 좋은 경험과 지식을 나누어 주기도 하고 자신의 교직생활을 되돌아보며 새로운 자극을 받기도 한다.

다섯째, 부장교사가 되어 교사들에게 지도성을 발휘하는 경험이 교사의 성장·발달에 유익하다. 부장교사의 경험은 원 경영을 보다 넓은 시각에서 바라볼 수 있게 하고 교사들에 대한 관리능력을 키워주며 관리자의 역할에 대한 이해를 높인다.

여섯째, 교직 초기단계에서 경험하는 수업공개에서의 성취감, 교육활동이나 행사에서의 성취감 등은 교사로 하여금 자신감을 심어주고 긍정적 교사발달을 도모하는 데 촉매제가 될 수 있다. 힘들고 어려운 준비과정을 통해 행사를 성공적으로 치렀을 때 주위의 격려와 칭찬을 통해 자신감을 얻으며, 준비과정과 실행과정 그 자체만으로도 교사는 많은 연구와 노력을 통해 스스로 많은 것을 배우고 느끼는 내재적 보상 및 심리적 보상을 받게 된다.

개인적 환경과 조직적 환경의 특징을 종합해 볼 때 교사발달에 영향을 주는 관리자, 선배교사, 동료교사와의 상호작용, 일반교사와 후배교사에 대한 지도성 발휘 등이 중요하다. 이러한 상호작용이나 지도성 발휘는 교육활동의 개선을 위한 지도·조언 활동을 의미하는 장학과 연결된다.

교사의 성향과 발달수준을 이해하는 것은 매우 중요하며 장학에 있어 고려해야 하는 사항 중 하나이다. 교사의 성향과 발달수준을 이해하기 위한 과정으로 관계형성의 단계, 발달수준 파악 단계, 지도계획 수립 단계로 나누어 살펴보고자 한다.

1. 관계형성의 단계

원내 자율장학의 효율성을 높이기 위한 첫 단계는 관계맺기라 할 수 있다. 이를 위해 지도교사와 멘티 간 상호 협조적이며 동료적 분위기를 유지하는 긍정적인 관계가 형성되어야 한다. 둘의 관계가 협력적이지 못할 때 갈등으로 인해 지도교사와 멘티 모두 서로의 책임을 회피하게 되며, 갈등이 심화되면 서로 상처를 입힐 수도 있다.

특히 멘토링의 시작 단계에서 교사들은 자신을 있는 그대로 상대방에게 드러내는 것을 부담스러워하므로, 원내 자율장학의 협력적 발전을 기대한다면 처음에 지도교사와 멘티 간 신뢰감과 친근감을 바탕으로 상호 협력적 관계가 형성되어야 한다.

1) 라포 형성하기

좋은 관계맺기를 위해 서로 라포가 형성되어야 한다. 라포 형성을 위해 타인의 감정, 사고, 경험을 이해할 수 있는 공감대가 이루어져야 한다. 이때 가장 자연스럽게 적용할 수 있는 방법으로 규칙적 만남 갖기, 함께 취미생활 즐기기가 있다.

(1) 규칙적 만남 갖기

효율적 멘토링과 교사 자신의 전문적 성장을 위해 규칙적 만남이 있어야 한다. 지도교사는 언제든 편안한 마음으로 이야기할 수 있는 심리적 분위기를 제공할 수 있어야 하며, 멘티 스스로 자발적 요청을 할 수 있도록 세심한 관심을 가지고 정기적인 만남을 유도해야 한다.

차나 식사를 함께 나누는 시간을 가질 수 있는데, 유치원 밖에서 차나 식사를 함께하는 시간은 자연스럽게 서로의 마음을 열 수 있는 출발점이 될 수 있다.

현장에서 지도교사와 멘티는 교육을 전제로 인위적으로 맺어진 인간관계이므로 외부에서 처음 차나 식사시간을 갖는 것이 어색할 수 있다. 그러나 서로 신뢰를 쌓고 친해지면 서로에 대한 생각과 일의 효율성에서 긍정적인 반응을 보일 수 있다.

(2) 함께 취미생활 즐기기

지도교사와 멘티가 서로 취미를 공유하는 활동은 관계형성에 긍정적인 반응을 얻을 수 있다. 이는 공통 관심분야에 대한 이야기를 나누고 취미를 함께 즐기는 것이 상대방에 대한 이해의 깊이를 증가시키는 시간을 갖게 하기 때문이다.

영화나 공연 보기, 운동하기 등 다양한 활동으로 이루어질 수 있으며 기관 특성상 퇴근 이후 시간을 함께하는 것이 어려울 수 있으나 기관에서 지원이 가능하다면 일주일에 일정 시간을 정해 교사가 함께 취미활동을 즐기도록 시간을 배려할 수 있다.

2) 성향을 이해하기 위한 검사

(1) MBTI 검사

MBTI는 자기이해와 타인이해 및 수용을 통해 자신을 심리기능적으로 성숙시키는 데 목적을 둔 심리유형검사로 상담에 많이 활용되고 있다. 교육분야에서도 MBTI로 사람들의 선호성을 알아내고 각자의 선호성이 개별적 · 복합적으로 어떻게 작용하는지 결과들을 알아내어 도움을 얻으려는 연구가 활발히 진행되고 있다.

지도교사와 멘티의 팀 구성 이전에 MBTI를 통해 개인의 성향을 분석하고 팀을 만들어 준다면 긍정적인 관계형성에 도움을 줄 수 있다.

〈MBTI 16가지 유형〉

ISTJ	ENFP	ISTP	ENFJ
ESTP	INFJ	ESTJ	INFP
ISFJ	ENTP	ISFP	ENTJ
ESFP	INTJ	ESFJ	INTP

팀 구성의 예

INFP(지도교사)와 ESFJ(멘티)로 구성

- 팀 구성 이유 : F 성향의 사람들은 감정형으로 따뜻하고 대인관계를 정으로 맺는 사람들이고 감정이 풍부하고 예민하다. 어색할 수 있는 관계형성에서 F 성향은 서로 친근하게 다가서기 쉽다. 또 ESFJ 성향은 사람과의 관계에서 보다 적극성을 가지고 다가서는 특성이 있어 내향성이 있는 지도교사와 한 조로 구성하였다.
- 팀 구성 결과 : 멘티가 적극적으로 지도교사와 친해지려는 노력을 함으로써 지도교사가 새로운 사람에게 갖는 부담감을 덜 수 있어 자연스러운 멘토링 관계형성에 도움을 받으며 원만한 관계가 유지되었다.

(2) 기질발견 검사

기질은 4가지로 구분되며 각각의 기질 특성에 따른 강점과 약점이 있다. 기질의 장단점을 구분하여 어떤 기질이 우월하다고 인식하기보다 상대의 강점을 수용하고 약점을 이해하여 원활한 관계를 맺게 하는 데 활용할 수 있다. 완전함을 추구하는 기질과 목표지향적 기질을 가진 사람이 함께 만나는 것보다 의지가 강하고 조직적인 목표지향적 기질과 사려 깊고 재능이 있으며 환경에 의해 영향을 받는 실천적 기질의 교사가 함께 만났을 때 시너지 효과가 더 잘 발휘되었음을 알 수 있었다.

〈기질의 4가지 유형〉

유 형	특 징	장 점	단 점
다혈질	• 재미있는 일을 좋아하고 밝고 외향적임 • 대화를 주도하고 다른 사람들의 주의, 인정받기를 좋아함	• 낙천적이고 무대 체질임 • 호기심이 많고 열정적으로 자신을 표현함 • 다른 사람에게 동기부여를 잘하고 무슨 일이든 쉽게 자원하여 일함	• 잘 잊어버리고 말이 많은 편임 • 충동적이고 지속적이지 못함 • 다른 사람의 생각에 과민반응을 보임
우울질	• 신중하고 사려 깊고 내성적임 • 완벽을 추구하여 종종 낙담하고 용기를 잃고 우울해짐	• 사려 깊고 분석적임 • 도표와 목록을 좋아하고 조직적임	• 환경에 잘 좌우되며 쉽게 의기소침해짐 • 비사교적이며 자존감이 약함
담즙질	• 다른 사람과 조화보다 자신의 생각을 고수함 • 해야 할 일을 완수하며 추진력이 있음	• 의지가 강하고 단호한 결단력이 있음 • 조직적이며 지도자 성향 • 반대에 굴하지 않고 도전적임	• 다른 사람의 말을 잘 청취하지 않으며 지배적임 • 지나치게 목표지향적으로 다른 사람에게 상처를 줄 수 있음
점액질	• 꾸준하고 안정적이며 모험보다 안전을 추구함 • 스트레스 상황은 피하려고 하지만 강력한 지도자가 있는 경우 일을 잘함	• 겸손하고 온유함 • 다른 사람의 말을 잘 청취하고 문제를 중재함 • 태평스럽고 느긋함	• 변화를 싫어하며 일을 뒤로 미루는 경향이 있음 • 고집이 세고 소심하며 걱정이 많음

팀 구성의 예

다혈질(지도교사)과 우울질(멘티)로 구성

- 팀 구성 이유 : 다혈질은 밝고 외향적이며 다른 사람에게 동기부여를 잘한다. 이와 반대로 우울질은 사려 깊고 진지하며 목적지향적이다. 이런 상반되는 기질의 장점을 고려하였다.
- 팀 구성 결과 : 지도교사가 외적인 성향으로 멘티와의 활기찬 분위기를 조성하고 멘티는 꼼꼼히 실행하고 평가하였다. 완벽함을 추구하려는 과정에서 발생하는 개인적 스트레스를 지도교사가 적절히 분산시킴으로써 관계가 원활하게 형성되었다.

(3) 영유아 교육신념 검사

교육신념이란 교사의 영유아 학습에 대한 철학적 배경 또는 신념을 말하는데, 교육에 대한 신념과 철학의 근거는 대체적으로 행동주의, 성숙주의, 상호작용주의로 분류된다(이희은, 2003).

교사가 가진 교육신념을 분석하고 교육신념과 실제 간의 갈등요인을 파악해 교사를 지원할 수 있다.

〈유아교육에 대한 신념〉

행동주의	인간의 발달은 학습과 훈련, 경험의 결과이다.
성숙주의	인간의 발달이 유전에 의해 결정된다.
상호작용주의	인간의 발달은 유전이나 환경 중 어느 하나가 아니라 두 가지가 상호작용하여 발달한다.

해석 사례

• 멘티의 교육신념 유형별 점수

행동주의 14점, 성숙주의 40점, 상호작용주의 41점

• 지도교사 분석

- 대학에서 배운 이론적 시기를 바탕으로 유아를 수용해야 한다는 마음이 있으나 교사의 개입 여부와 유아의 의견 수용에 어려움을 가지고 있다.
- 교사의 개입을 줄이는 것이 가장 효과적이라 생각하고 있으므로 교사의 역할에 대한 필요성을 이해시키고 수업에서 교사의 적절한 개입에 대해 안내하는 것이 필요하다.

• 지도교사 계획

- 멘티가 수업을 계획하고 운영하는 데 적절한 개입에 대한 안내를 제공한다.
- 적절한 상호작용에 대한 모델링을 시연한다.
- 유아놀이와 상호작용 이해를 위한 적절한 참고서적을 안내한다.

(4) 나의 퍼즐 만들기

나의 퍼즐이란 자기 자신을 이 세상에서 가장 독특한 존재로 만들어 주는 것이 무엇인지 생각해 볼 수 있는 간략한 게임이다(박은혜, 2009). 즉, 지도교사와 멘티가 서로에 대한 부담감은 줄이며 자연스럽게 자신을 소개하고 상대방을 이해할 수 있는 기회를 갖도록 지원해 줄 수 있는 방법으로, 지도교사와 멘티 각자에게 자신이 가지고 있는 이미지를 되돌아보며 서로의 공통점과 차이점을 공유하는 기회와 상대방의 신념과 관심을 이해하는 의미 있는 시간을 제공해 준다.

방 법

- 지도교사가 짝이 된 멘티에게 나의 퍼즐 만들기에 대해 소개해 준다.
- 종이 한 장을 꺼내 5~8조각의 퍼즐 모양으로 선을 긋는다.
- 각 퍼즐 빈칸에 세상에서 자신을 가장 독특한 존재로 만들어 주는 것이 무엇인지 생각하며 적는다.
- 각자 적은 내용을 상대방에게 소개한다.
- 소개한 내용을 함께 공유한다.

2. 발달수준 파악의 단계

1) Hall의 관심도 수준 검사

교사의 관심은 교육적 변화를 실행하는 데 있어 강한 영향력이 있으며 이에 따라 그 변화 실행수준과 실행형태가 달라질 수 있다. 지도교사는 교사 개개인을 관찰하고 개인적 시간을 통해 멘티의 관심을 진단하며 그 단계에 따른 적절한 지원을 하는 것이 바람직하다.

〈교육과정 변화에 대한 관심의 전형적 표현〉

관심의 단계		관심의 표현
자신	0. 지각적	나는 교육과정 변화에 관심을 갖고 있지 않다.
	1. 정보적	나는 교육과정 변화에 대해 더 알고 싶다.
	2. 개인적	변화를 실행하는 것이 내게 어떤 영향을 끼치는가?
업무	3. 운영적	나는 교재를 준비하는 데 내 모든 시간을 보내는 것 같다.

결과	4. 결과적	내가 실행하고 있는 것이 유아들에게 어떤 영향을 끼치는가?
	5. 협동적	나는 다른 교사들이 실행하고 있는 것과 내가 하고 있는 것을 통합시키는 데 관심 있다.
	6. 강화적	나는 더 좋은 결과를 가져올 방법들에 대한 생각을 가지고 있다.

관심도 단계	교사에 대한 지원
단계 0. 지각적 관심	• 어떠한 질문에도 수용하며 경청한다. • 동기부여가 될 수 있는 충분한 정보를 제공한다.
단계 1. 정보적 관심	• 다양한 방법으로 정보를 제공한다. • 교육과정 혁신에 관심과 흥미를 갖고 있는 다른 교사들과 관계를 형성하도록 한다.
단계 2. 개인적 관심	• 개인적 관심의 존재와 표현은 일상적이고 당연한 것임을 인정한다. • 기대를 하되 강행하지 않으며 교육과정 혁신을 실행하도록 격려하고 지원한다.
단계 3. 운영적 관심	• 교육과정 혁신의 요소와 절차를 명료히 한다. • 운영적 문제에 대해 정확하고 실제적인 해결책을 제시한다.
단계 4. 결과적 관심	• 실행하고 있는 결과에 긍정적 피드백을 제공하고 필요한 지원을 한다. • 실행한 기술을 다른 교사들과 나눌 수 있는 기회를 제공한다.
단계 5. 협동적 관심	• 다른 교사와 협동해서 일하는 데 필요한 기술을 개발할 수 있는 기회를 제공한다. • 지원이 필요한 다른 사람에게 기술적 지원을 제공할 수 있도록 위임한다.
단계 6. 강화적 관심	• 더 좋은 방법을 찾기 위한 관심을 존중하고 격려한다. • 생각과 열정이 긍정적으로 승화될 수 있도록 효과적인 방법으로 이끈다.

출처 : 김경자(1993). 교육과정 혁신. 교육과학사.

2) Hunt의 개념수준 검사

개념수준이란 문제를 해결하는 데 있어 개인이 가장 선호하는 방식을 의미한다. 지도교사와 멘티가 서로의 인지개념 수준을 측정, 판단하는 것은 장학과정을 계획하는 데 도움이 된다. Hunt에 의해 제시된 세 단계, A, B, C단계는 각각의 특성을 지니며 A단계에서 C단계로 갈수록 개인의 인지개념 수준은 높다고 할 수 있다. Hunt는 개념수준이 높은 교사들은 모호한 상황을 편안하게 받아들이고 융통성이 있다고 본 반면, 개념수준이 낮은 교사들은 구조적인 사고와 확실한 교수방법의 적용을 편안해한다고 하였다(이현옥 외, 2017).

〈Hunt의 개념수준 3단계 특징〉

단 계	특 징
A단계 (구체적 개념수준)	규칙은 고정되어 있고 변화하지 않은 것으로 생각하며 가르치는 데 있어 가장 확실한 단 한 가지의 방법만을 선호한다. 구조화 정도가 높은 학습을 좋아한다.
B단계 (구체적/ 추상적 개념수준)	감정의 중요성을 인식하고 문제해결을 위한 대안적 전략의 중요성을 인식한다. 새로운 것에 개방적이며 다소 모호한 상황을 편안하게 받아들인다.
C단계 (추상적 개념수준)	균형적 교육과정을 실행할 수 있으며 위험을 감수하고 협력을 가치 있게 여긴다. 영유아들의 요구를 잘 이해하고 적절하게 반응할 수 있으며 다양한 교수전략을 사용한다.

출처 : 박은혜 외(1999). 교사발달에 적합한 장학의 이론과 실제. 정민사.

3. 지도계획 수립의 단계

멘티의 지도내용은 지도교사가 멘티에게 필요하다고 생각하는 부분, 멘티 본인이 원하는 부분, 기관에서 원하는 부분을 고려하여 결정한다. 지도방법은 멘티의 성향과 발달수준을 고려하여 멘티가 요구하는 내용까지 반영되도록 한다. 지도계획 사례는 다음과 같다(이현옥 외, 2017).

(1) 사례 1 : A교사

나의 퍼즐 만들기	자기와 관련된 주변 사람에 영향을 많이 받는 성향이며 개별적 질의응답을 선호함
Hunt의 개념분석	구체적 개념수준 단계 • A단계 • 확실한 한 가지 방법을 선호함
지도계획	• 배움에 대한 의욕은 있으나 자신감이 부족하므로 처음부터 책임감을 주기보다 참관 후 협의를 통해 당일 배운 것을 기록하게 함 • 교사의 효과적인 상호작용 방법에 대한 모델링을 보여줌 • 관찰 및 VTR을 통한 교사의 수업분석을 통해 구체적인 교수방법에 대해 지도함

(2) 사례 2 : B교사

나의 퍼즐 만들기	혼자 생각하는 시간을 즐기며 다른 사람 앞에서 자신의 의사를 표현하는 데 어려움을 느낌
Hunt의 개념분석	구체적 개념수준 단계 • B단계 • 새로운 상황을 받아들이며 다소 모호한 상황을 어려워하지 않음
지도계획	• 멘티가 먼저 다가서기 어려워하므로 지도교사가 먼저 편안한 분위기를 조성해 줌 • 장학 계획을 세울 때 멘티의 의견을 반영하며 멘티의 긍정적인 성향이 잘 발전할 수 있도록 세심한 지원을 함 • 저널쓰기로 반성적 사고를 통해 자신의 유능함을 느낄 수 있도록 도움

(3) 사례 3 : C교사

나의 퍼즐 만들기	붙임성이 있으며 배우려는 욕구가 강하고 상대방을 정서적으로 편하게 해 주는 장점이 있음
Hunt의 개념분석	구체적/ 추상적 개념수준 단계 • B단계 • 새로운 상황을 수용하며 문제해결을 위한 대안을 세우려 노력함
지도계획	• 멘티가 원하는 새로운 이론에 대해 지도교사와 멘티가 함께 자료를 공유하고 내용을 분석하는 시간을 통해 서로의 의견을 자유롭게 나누고 교육과정에 적용할 수 있는 방안을 함께 모색함 • 새로운 이론을 적용해 본 결과를 서로 평가하는 과정에서 멘티가 문제점을 찾고 대안을 세우는 데 도움을 줌 • 원 운영에 행사지도를 맡겨 리더의 역할과 책임을 수행해 보는 기회를 제공함

CHAPTER 04

원내 자율장학의 형태

1. 수업장학
2. 동료장학
3. 자기장학
4. 약식장학
5. 자체연수

CHAPTER 04

원내 자율장학의 형태

1. 수업장학

수업장학은 수업의 발전과 교사의 역량을 높이기 위해 수업을 관찰하고 피드백을 통해 수업의 형태와 방법을 수정 · 보완하는 활동이다. 수업장학은 유아교육기관의 질적인 향상을 목표로 수업의 목적을 달성하고 교사가 영유아에게 긍정적인 영향을 미칠 수 있도록 관련 자원을 효과적으로 활용하며 비효과적인 교수방법의 개선을 통해 바람직한 교수방법을 갖게 하는 데 그 목적이 있다(정범태, 2002).

수업장학이라는 용어는 넓은 의미로 사용되는 경우와 좁은 의미로 사용되는 경우가 있다. 먼저 원의 주된 활동이 수업이기 때문에 수업장학을 교내장학과 같은 의미로 쓰이는 경우이다. 다음으로 원 수준에서 교사를 대상으로 이루어지는 여러 가지 장학 중에 직접적으로 교사의 수업기술과 방법의 개선을 위해 제공되는 비교적 체계적인 장학활동을 수업장학으로 보는 경우이다.

수업장학은 교사들의 수업기술 향상을 위한 원장 · 원감이 주도하는 개별적이고 체계적 성격이 강한 지도 · 조언 활동으로 본다. 원내에서 자율적으로 실시되는 수업장학은 원장 · 원감 주도하에 교사들의 수업기술 향상을 위한 수업

연구, 마이크로티칭의 방법으로 초임교사나 경력이 적은 교사, 수업기술 향상의 필요성이 있는 교사를 대상으로 진행된다. 또 초임교사를 위하여 첫 학기 혹은 2~3개월 동안 개별적으로 수업지도를 검토해 주고 수업참관을 하면서 초임교사가 보다 쉽게 수업활동과 교직생활에 적응하도록 지도 · 조언해 주는 활동도 수업장학의 중요한 방법이라 할 수 있다. 그렇다고 원장이나 원감이 일방적으로 실행하는 장학은 아니다. 교사와의 관계는 쌍방적이면서 동료적인 관계에 기초하고 있다. 이러한 상호적 관계를 토대로 원장 · 원감은 사전에 교사와 장학에 대해 협의한다. 수업장학은 장학담당자와 교사들의 사전협의를 통해 교실에서 이루어질 수업계획을 작성하고 원장 · 원감의 장학담당자가 수업활동을 관찰, 분석하여 개선점을 논의하는 과정을 거친다(김선경, 2013).

또한 수업장학은 일회성이어서는 안 되며 지속적이고 주기적으로 반복 진행되어야 한다. 그렇게 할 때만 장학의 궁극적 목적인 수업 개선의 지속성을 담보할 수 있기 때문이다. 또 수업장학은 초임교사, 경력이 짧은 교사, 수업기술 향상의 필요성이 있는 교사들에게 좀 더 유익한 장학 유형이라 할 수 있다. 수업장학을 주도하는 원장 · 원감은 수업장학이 일방적이 되어서는 안 된다는 점을 명심할 필요가 있다. 교사들과의 쌍방향적 신뢰 관계가 형성되어 있을 때 성공적인 수업장학이 실행될 수 있기 때문이다.

1) 장 점

- 개별적이고 체계적인 과정으로 교사의 수업기술 향상 효과가 크다.
- 초임교사의 경우 수업장학을 통해 수업에 대한 불안감을 해소할 수 있다.
- 교사와 원장 · 원감 간 대면적 상호작용을 통해 신뢰로운 인간관계를 조성할 수 있다.

2) 단 점

- 원장 · 원감이 수업장학에 대해 전문적 지식과 기술이 부족한 경우 효과가 적다.
- 원장 · 원감과 교사 간 인간관계가 부족한 경우 시행하기 어렵다.
- 경력교사들이 참여를 꺼리며 초임교사 위주로 운영되기 쉽다.
- 평소 수업과 다른 보여주기식 수업이 되기 쉽다.

2. 동료장학

동료장학은 동료교사들이 교육활동의 개선을 위해 모임이나 짝을 이루어 상호 간에 수업연구 · 공개 활동의 추진이나 공동 과제 및 관심사의 협의 · 연구 · 추진 등 공동으로 노력하는 과정을 의미하며 협력장학이라고도 한다.

수업연구 과제의 해결이나 수업 방법의 개선을 위해 수업연구 · 수업공개 활동을 하거나, 생활지도 방법 개선을 위해 경험이나 아이디어를 교환하거나, 관심 분야가 같은 동료교사들이 협의회, 소모임, 스터디그룹을 통해 공동 과제나 공동 관심사를 협의 · 연구 · 추진하기 위해 활동해 나가는 것 등이 동료장학의 전형적인 형태이다.

특정 연구과제나 시범과제를 선정해 관심 있는 동료교사들을 중심으로 공동으로 연구를 수행하거나 연구자료나 작품을 공동으로 제작하는 활동도 중요한 동료장학 활동으로 볼 수 있다. 또 경력교사가 초임교사와 1:1로 짝을 이루어 서로 수업을 공개하고 의견을 교환하며 교육활동 전반에 도움을 주는 멘토링도 중요한 동료장학 활동이다. 경력교사끼리 1:1로 짝을 이루어 동료장학을 할 수도 있다.

그 밖에 동료교사 상호 간에 교육활동 개선에 활용할 수 있는 좋은 지식 · 기술 · 정보 · 아이디어 · 경험 · 도움 또는 조언을 주고받는 여러 형태의 공식적 · 비공식적 행위도 넓은 의미로 동료장학이라 볼 수 있다.

교사들은 교육행정가나 원장 · 원감이 주도하는 장학을 부담스러워하는 반면 동료교사와의 협동적 장학활동을 더 선호하며 동료관찰이나 동료 사이의 피드백을 통해 더 격려를 받는다(유영혜, 2006). 또 동료교사들과의 협력적 노력은 서로 친밀감을 느끼게 하고 즉각적인 피드백을 제공해 줄 수 있어서 만족할 수 있는 여건을 보장할 수 있다. 교사 수에 비해 상대적으로 부족한 장학 인원과 교사들의 개별적 발달수준이 상이하다는 점을 감안한다면 동료장학의 필요성은 충분하다(주삼환, 2003).

최근 장학 형태는 행정기관 중심에서 기관 중심으로, 이론 중심에서 현장 중심으로, 획일적 방법에서 선택적인 방법으로, 평가 중심에서 지도와 멘토링 중심으로, 상하관계에서 동료적인 관계로, 가르치고 배우는 방식에서 문제를 해결하는 방식으로 방향이 전환되어 가고 있다. 동료장학은 장학요원이 교사를 수평적인 관계에서 지도하는 형태로 동료교사들끼리 서로의 발달을 돕는 협력자 역할을 할 수 있다는 관점에서 그 뿌리를 찾을 수 있다(김은영, 2006).

동료장학은 둘 이상의 교사가 동료의 입장에서 서로의 수업을 관찰하고 공동 관심사에 대해 토의 · 수정함으로써 수업의 질을 높이며 전문적 성장을 도모하는 것이다. 그것은 교사들의 자율성과 협동성을 기초로 동료적 관계 속에서 가르치고 배우며 원과 교사들의 필요와 요구에 따라 다양하고 융통성 있게 운영되므로 교사들의 전문적 발달뿐 아니라 개인적 발달, 원의 조직적 발달까지 도모할 수 있는 특징을 지닌다. 이 때문에 동료장학은 다른 어떤 장학의 방법보다 심리적 부담 없이 쉽게 접근해 교사들의 교직성장에 도움을 줄 수 있다(박현숙, 2011).

동료장학은 수업 방법 및 기술적 측면, 행사 및 새로운 아이디어를 공유하는 데 도움이 되며 동료교사들 간 친밀한 인간관계를 두텁게 한다. 또 권위자에 대한 평가를 막을 수 있고 동료끼리 자연스러운 배움이 주어지게 하며 교사생활을 되돌아볼 수 있는 반성적 사고를 할 수 있게 해준다(김휘경, 2006). 교사의 발달단계에 맞추어 교사의 개별적 요구를 토대로 하는 동료장학의 효과는 교사의 교수기술 향상, 실제 현장에서 직면하는 문제나 어려움을 공유하고 협력하여 해결해 가는 과정을 통해 교사의 전문성 발달을 함께 도모한다. 또한 협의과정에서 동료교사 간 피드백은 교사들 각자가 자신의 상황에 대해 반성하게 함으로써 전통적 교사의 역할을 넘어 교사 교육자로서 발달하는 계기가 될 수 있다(배성옥, 2010).

영유아교사들은 동료장학 실천에 대해 긍정적인 인식을 가지고 있지만 현장에서 동료장학을 실시하기에는 많은 문제점이 있다. 동료장학에 대한 지원체제가 미흡하며 교사들의 부담이 커서 동료장학이 제대로 이루어지지 않고 있다(박막숙, 2003). 동료장학이 활성화되기 위해서는 동료장학의 다양한 방법을 통해 교사들 간에 자주 접촉하고 정보를 교환할 수 있는 기회가 많이 제공되어야 한다(임명숙, 2001).

1) 장 점

- 교사들 간 동료의식이 있고 거리감이 적기 때문에 의사소통이 용이하다.
- 교사들 간 자율성, 협력성, 능동성이 발휘된다.
- 교사들의 전문적 발달과 개인적 발달, 유치원의 조직적 발달을 모두 도모할 수 있다.
- 교사의 필요와 요구 및 유치원 형편에 따라 다양하고 융통성 있는 활동이 가능하다.

- 수업장학보다 교사들에게 부담이 적고 참여하기 용이하다.
- 다양한 주제에 관해 지식, 정보, 아이디어, 경험, 도움, 조언 등을 주고받을 수 있다.

2) 단 점

- 경력교사들의 전문성이 부족하거나 동료장학에 대한 의미가 부족할 경우 효과가 적다.
- 수업연구 중심 동료장학의 경우 경력교사의 지도력이 부족할 경우 형식적이 될 가능성이 높다.
- 교사들이 수수방관하는 자세를 취할 경우 형식적이 될 가능성이 높다.
- 교사들 간 인간관계와 유대감이 부족할 경우 효과가 적다.
- 교직풍토상 수업공개는 초임교사 위주로 될 가능성이 높다.
- 동료장학의 계획수립 단계와 결과협의 단계가 소홀히 다루어질 수 있다.

3. 자기장학

자기장학은 교사 개인이 자신의 전문적 발달을 위하여 스스로 체계적인 계획을 세우고 이를 실천하는 활동이다. 교사는 전문직 종사자로서 자기성장과 자기발전을 위해 끊임없이 노력해야 한다는 당위성에서도 자기장학의 의미는 크다. 교사들에게 있어 장학은 귀찮은 것, 두려운 것, 방해되는 것, 소용없는 것으로 인식되기도 하며 이러한 원인은 교사의 교육행위는 일정한 지침이나 절차만 따르면 되는 단순한 활동이 아니라 고도의 창의성과 전문성을 요구하는 복잡하고 어려운 일이지만(Lortie, 1975), 교사를 위한 전문적 장학의 지원은 실제적인 교육장면과 거리가 먼 일방적인 지원과 통제로 이루어지기 때문이다(Grossman, 1990). 그러므로 교사의 장학은 외부 장학인사에 대한 거부감을 줄이고 교육현장에서 형식적으로 실시되는 장학을 개선하여 질적 향상을 위한 대안으로 교사가 주체가 되어 이루어지는 자기장학의 실행이 요구된다. 자기장학은 교사 스스로 방향을 설정하며 안내받고 도움을 받는 교사 자율장학의 한 형태(Bailey, 1981)라고 볼 수 있다. 따라서 교사가 자신의 전문적 자질을 향상시키기 위해 지식을 획득하는 과정이 될 수 있으며 능동적으로 학습할 수 있는 기회를 제공한다(Glatthorn, 1997).

자기장학은 교사가 스스로 자신의 발달성을 발달시키는 장학이기 때문에 원칙적으로 교사의 필요와 요구를 존중하게 된다. 스스로 자신의 전문성 향상에 필요한 것들을 찾아낼 수 있는 능력이 중요하다. 다른 장학자의 도움 없이도 자신의 전문성 향상을 위한 필요와 요구를 찾아낼 수 있는 교사가 자기장학을 실행하는 것이 바람직하다(주화정, 2004).

자기장학을 자기주도적 장학이라고도 하는데 이는 교사 자신의 의지에 의해 장학이 실시되기 때문이다. 수동적이거나 지식적인 것이 아니며 보여주기식의 일회성에 그치는 장학 형태가 아니다. 교사의 전문성 증진 및 수업의 질 향상이라는 장학의 본질적 기대효과를 높일 수 있다(강주연, 2017). 자기장학은 교사의 자기발전 의지를 기반으로 하므로 교사의 전문성 성격에 적합한 이상적 장학 형태이다. 자기장학을 적용하는 대상으로는 스스로 문제를 해결하는 방법을 선호하는 초임교사, 어느 정도의 경력과 전문 지식을 갖추어 스스로 문제를 해결해 나갈 수 있는 교사, 자기발전을 도모하는 모든 교사에게 적합하다(김남숙, 2012).

자기장학에 대한 여러 학자들의 견해는 다음과 같다. 조부경, 백은주, 서소영(2009)은 자기장학을 교사 자신이 스스로를 분석하고 평가한 후 발달을 위한 방법을 계획하고 안내하며 전개시켜 나가는 장학의 형태라 하였고, 김정한(2004)은 자기장학을 외부의 통제나 지도에 의하지 않고 교사 스스로가 자기의 전문적 성장을 위해 계획을 세우고 실천하며 그 결과에 대해 반성적 평가를 해나가는 과정이라고 정의하였다. Yager(1987)는 자기 인식, 자기 실행, 자기평가가 계속적 피드백을 받으며 계속적으로 일어나는 과정이라 하였으며, Glatthorn(1997)은 교사가 독립적으로 자신의 전문성 신장을 위해 연구하는 과정으로 교사 자신의 전문적 발달을 위해 능동적이고 자발적으로 연구하고 노력하는 것이라 정의하고 있다.

자기장학은 자기발전을 하고자 하는 모든 교사, 전문 지식과 경력을 갖추어 자기 스스로 문제를 해결해 나갈 수 있는 교사, 스스로 문제를 해결하는 방법을 선호하는 초임교사에게 적합하며 효과적인 장학 방안이 될 수 있다. 자기주도적 장학은 초임교사보다 경력교사에게 적절한 경우가 많으나 교사의 개인적 성향이나 능력, 상황을 종합적으로 고려해 발달에 맞는 구체적인 자기장학의 방법을 찾는다면 초임교사도 도움을 받을 수 있다(조부경 · 백은주 · 서소영, 2009).

자기장학 형태의 활동은 반성적 저널쓰기, 전문가와 면담하기, 자기수업 분석 · 연구, 자기평가, 과제연구 혹은 개인연구, 전문서적 · 자료 탐독, 대학원 수강, 현장방문 · 견학, 교과연구회 · 학술회 · 강연회 참석 등을 포함한다. 자기장학은 유치원 교사들에게 특히 그 필요성이 높다. 유치원의 경우 교사 수가 적은 관계로 교사 스스로가 자기발전을 위해 노력하도록 격려하고 지도해야 한다.

자기장학은 교사 자신을 대상으로 장학한다는 의미를 가지고 있으며 자신의 전문적 성장과 교수방법에 대한 개선을 위해 장기적으로 체계적인 장학 계획을 세우고 이를 실행해 그 결과를 바탕으로 자기반성을 하는 것이다(이윤식 · 강호경, 2007).

자기장학은 교사가 스스로의 필요와 요구를 분석하고 달성할 목표를 설정하는 데에서 시작한다. 교사는 자신의 목표와 계획을 자유롭고 융통성 있게 수립할 수 있다. 하지만 원장 · 원감은 자기장학을 돕는 입장에서 교사가 설정한 목표와 계획에 대해 현실성과 실현 가능성의 측면에서 조언할 수 있어야 한다.

교사 스스로 세운 목표와 계획이 비현실적이고 실현 불가능한 것이라면 장학의 효과를 기대할 수 없기 때문이다.

또 교사는 자기장학을 진행하는 동안 자신의 전문성 신장에 도움이 되었던 자료들을 보관해야 한다. 수업에 대한 녹음이나 녹화, 일화 기록과 반성적 일기, 시간 계획표와 시간 기록, 원생과의 만남 기록이나 의견 조사내용 등을 잘 보존할 필요가 있다. 교사 자신은 물론이고 다른 교사들이 전문성 개발을 위해 자기장학을 준비할 때 목표 설정이나 계획수립에 큰 도움이 될 수 있기 때문이다(유영혜, 2006).

1) 장 점

- 교사의 자율성과 자기발전 의지를 기초로 하기 때문에 교사의 전문직적 성격에 맞는 장학 형태이다.
- 자기실현 욕구가 강한 교사에게 효과적인 장학 형태이다.
- 경험이 풍부하고 능력 있는 교사에게 효과적인 장학 형태이다.
- 교사 개인 능력과 필요 또는 학교 형편에 따라 다양한 방법을 개별적으로 혹은 복합적으로 활용할 수 있다.

2) 단 점

- 교사 자신의 타성에 의해 형식적으로 진행될 수 있다.
- 외부 간섭을 거의 받지 않으므로 자기관리를 잘 못하는 교사에게는 효과가 적다.
- 원장 · 원감의 관심이 약해질 수 있으며 이에 따라 형식적으로 진행될 수 있다.

4. 약식장학(일상장학)

약식장학은 교육현장에서 수시로 이루어지고 있는 장학이다. 원장 · 원감이 간헐적으로 짧은 시간 동안 수업참관을 통해 교사들의 수업활동과 학급경영 활동을 관찰하고 이에 대해 교사들에게 지도 · 조언을 제공하는 활동을 의미한다. 원장 · 원감이 개략적인 절차에 따라 수행하는 활동이라는 점에서 약식장학으로 칭하거나 원장 · 원감이 일상적으로 수행하는 활동이라는 점에서 일상장학이라 칭할 수도 있다. 약식장학은 감시, 감독을 받는다는 인식이 강해 교사들이 부정적 시각을 나타냈으나 평상시 준비사항이나 수업뿐 아니라 일상생활의 자연스러운 상호작용을 볼 수 있는 시간이 된다(김은주 · 권미량, 2008).

약식장학은 비공식적인 성격이 강하며 다른 유형의 장학을 보완하는 성격을 지닌다. 약식장학은 영유아교육기관에서 개별 교사의 교수기법이나 방법 때문에 발생할 수 있는 유아들의 발달 장애를 신속히 개선할 수 있다는 점에서 필요한 장학의 한 유형이다.

약식장학은 우수 교사를 칭찬하는 방법을 통해 우수한 교수기법이나 학급 운영의 기술을 다른 교사들에게 전수시킬 수 있다는 장점을 가지고 있다(강영철, 2008). 또한 원장 · 원감은 약식장학을 통해 원의 교육 · 경영 · 풍토 등 전체 원의 전반적인 영역에 대해 파악할 수 있는 필요한 정보를 획득할 수 있어서 원의 장기발전에 기여할 수 있다(유영혜, 2006).

약식장학은 다음과 같은 이유에서 그 필요성이 크다.

- 교사들의 수업활동과 학급경영 활동을 포함한 교육 및 경영 전반의 개선을 위한 원장 · 원감의 적극적 의지와 노력, 지도성의 좋은 표현방식이 된다.
- 원장 · 원감은 교사들이 미리 준비한 수업활동이나 학급경영 활동이 아닌

평상시 자연스러운 수업활동이나 학급경영 활동을 관찰할 수 있으며 이에 대해 의미 있는 지도 · 조언을 할 수 있다.

- 원장 · 원감은 교육, 경영 등 전반에 걸쳐 전체적으로 원을 파악하는 데 필요한 정보를 수집할 수 있다.

약식장학이 원활히 진행되기 위해서는 다음과 같은 원장 · 원감의 노력이 필요하다(이윤식, 2011).

- 원장 · 원감은 참관과 학급 순시 같은 약식장학이 원의 교육발전에 도움이 된다는 인식과 그런 약식장학의 실행에 대한 강한 의지를 가져야 한다.
- 원장 · 원감은 약식장학의 기초가 되는 전문적이고 인간적 권위를 평소에 교사들로부터 이끌어 낼 수 있도록 끊임없이 연구하고 노력해야 한다.
- 원장 · 원감은 수업참관이나 학급 순시를 할 때 부차적인 문제보다는 본질적인 문제에 주목하는 등의 태도를 가짐으로써 교사들로부터 감시하고 감독한다는 오해를 불러일으키지 않도록 주의해야 한다. 즉, 교사들을 진심으로 도우려는 활동에 초점을 맞추어야 한다.

1) 장 점

- 원장 · 원감이 수업지도성을 발휘할 수 있다.
- 자연스러운 수업활동이나 학급경영 활동을 관찰하고 이에 대해 지도 · 조언할 수 있다.
- 학교경영에 대한 아이디어나 정보를 수집할 수 있다.
- 다른 형태의 장학활동에 대해 보완적이고 대안적인 장학활동이다.

2) 단 점

- 원장 · 원감의 수업참관과 학급 순시에 교사들이 부담감을 느낀다.
- 교사들의 이해가 부족한 경우 교사들의 거부감을 일으킬 수 있다.
- 원장 · 원감이 적절한 전문적 · 인간적 권위를 확보하지 못할 경우 교사들의 거부감을 일으킬 수 있다.
- 원장 · 원감의 의지와 노력, 계획이 부족할 때 효과를 거둘 수 없다.

5. 자체연수

원내 자율장학의 기본 형태 중 하나로 제시된 자체연수는 교육활동의 개선을 위해 교직원들의 필요와 요구에 더해 원내외의 인적 · 물적자원을 활용해 원에서 자체적으로 실시하는 연수활동이다. 자체연수는 좋은 지식, 기술, 정보, 아이디어, 경험, 도움 등을 서로 나누어 갖는 중요한 방법이 되기 때문에 장학의 한 형태로 볼 수 있다.

자체연수에는 원장, 원감, 교사뿐 아니라 행정직원도 참여할 수 있다. 교사와 행정 · 관리직원 사이의 공동 관심사나 공동 과제에 대해 자체연수를 실시할 수도 있고, 행정 · 관리 업무 가운데 교사들의 이해와 협조가 필요한 특정 업무에 대해 자체연수를 실시할 수도 있다. 이러한 연수를 통해 교직원들 전체의 상호 이해와 협력을 강화할 수 있다(고윤희, 2011).

자체연수는 교육행정기관이나 교사들의 필요에 의해 시행되는 자격연수, 직무연수, 특별연수와는 다른 활동이다. 자체연수는 교직원들의 전문적 발달, 개인적 발달, 원의 조직적 발달을 지향하여 원장, 원감, 부장교사, 교사, 행정직원을 포함하여 원내외의 교직원, 외부 전문가나 장학요원들이 연수담당자가 되어 진행된다. 전문적 지식이나 경험이 있는 학부모, 교육과 관련한 지식이나 정보, 경험을 나누어 줄 수 있는 학부모, 특정 분야에 종사하고 있는 학부모들을 초대하여 자체연수를 진행할 수 있다. 자체연수를 성공적으로 운영하기 위해서는 교원 전체 회의를 통한 철저한 준비와 계획이 뒷받침되어야 한다. 운영담당교사를 정하고 운영형태 등이 결정되어야 한다.

자체연수는 원내연수라는 용어와 같이 쓰일 수 있다. 연수의 장소가 원내뿐 아니라 야외연수, 장 견학 및 탐방 연수와 같이 원외에서 다양하게 이루어질 수 있다. 자체연수는 교육행정기관에서 실시하는 연수의 기회 부족을 보완할 수 있고 교육현장에서 시행할 수 있기 때문에 비용 절감은 물론 수시로 발생하는 교육활동에서의 문제점들을 신속하게 해결할 수 있다(김영미, 2003).

1) 장 점

- 원의 형편과 교사의 필요와 요구에 의해 다양한 내용과 방법으로 운영할 수 있다.
- 교사들의 전문적 발달과 개인적 발달, 원의 조직적 발달을 모두 도모할 수 있다.
- 수업장학, 동료장학, 자기장학을 통해 얻은 좋은 정보나 아이디어를 전파하거나 일반화하기 좋은 방법이다.
- 원의 전반적 운영계획과 연계해 운영할 수 있다.
- 외부 인사나 학부모 초청연수로 연수 효과를 높일 수 있다.
- 원외 현장연수를 통해 연수 효과를 높이며 교직원들 간 친목과 결속을 도모할 수 있다.

- 교직생활에 도움이 되는 정보나 아이디어를 교사들에게 제공할 수 있다.
- 교사와 직원들 간 상호 이해와 협조를 높일 수 있다.

2) 단 점

- 자체연수 계획 시 교사들의 요구를 수렴하지 않을 경우 교사들의 적극적인 참여를 기대할 수 없다.
- 연수의 내용과 방법이 신선감이 없고 구태의연할 경우 형식적 연수가 될 수 있다.
- 원장 · 원감 · 교사들이 자체연수에 대한 인식과 관심이 부족할 경우 실행이 어렵다.

CHAPTER 05

원내 자율장학의 기본 형태별 모형

1. 수업장학의 모형
2. 동료장학의 모형
3. 자기장학의 모형
4. 약식장학의 모형
5. 자체연수의 모형

CHAPTER 05

원내 자율장학의 기본 형태별 모형

1. 수업장학의 모형

수업장학은 교사들의 수업기술 향상을 위해 원장 · 원감이 주도하는 개별적이고 체계적인 성격이 강한 지도 · 조언 활동이다. 구체적인 형태로는 마이크로티칭, 수업연구, 초임교사 대상 수업 관련 지도 · 조언 등이 있다.

1) 임상장학 모형

원의 실정에 따라 사전협의회, 자료수집, 분석 및 전략수립, 사후협의회, 적용, 평가의 6단계를 설정하거나 계획수립, 수업관찰, 결과협의의 3단계를 제시하고 있다. 여기에서는 3단계를 중심으로 살펴보고자 한다.

(1) 1단계 : 계획수립

1단계 계획수립에서는 교사와 장학담당자 간에 상호 신뢰적이고 허용적인 관계를 조성하고 교사의 요구와 필요에 기초해 수업연구 과제 혹은 수업 개선 과제를 확인한다.

① 신뢰로운 관계 형성

- 임상장학의 특징 및 절차에 대한 이해를 높이고 교사와 담당자 간에 신뢰롭고 부드러운 관계를 조성하기 위해 오리엔테이션을 진행한다.

② 수업연구 과제 선정

- 교사가 수업과 관련해 연구해 보고자 하는 사항이나 수업 개선을 위해 도움이 필요한 사항이 있으면 이를 장학담당자에게 설명하고 의견을 교환한다.
- 교사는 연구과제나 도움이 필요한 사항을 확인하기 위해 수업활동에 대한 자기 진단평가를 실시해 볼 수 있다.

③ 유아·수업에 대한 정보 교환

- 교사가 유아들의 발달이나 태도 등을 비롯한 전반 사항을 장학담당자에게 설명하고 의견을 교환한다.
- 교사가 그동안의 활동내용, 방법 등을 비롯한 수업에 대한 제반 사항을 장학담당자에게 설명하고 의견을 교환한다.

④ 수업관찰 계획수립

- 교사와 장학담당자는 관찰할 수업시기, 목표, 내용, 방법 등을 포함해 수업에 관해 협의한다.
- 교사와 장학담당자는 관찰내용, 기록방법, 관찰시기와 시간, 관찰장소 등에 관해 협의한다.
- 녹음기나 캠코더를 사용할 경우 관련 기자재와 보조요원의 확보에 대해 협의한다.

(2) 2단계 : 수업관찰

2단계 수업관찰에서는 교사와 장학담당자가 전개될 수업활동의 전반적인 과정에 대해 이해를 높인 후 교사는 수업을 실시하고 장학담당자는 이미 수립된 계획에 따라 수업을 관찰하고 결과를 분석 · 정리하여 결과협의를 위한 자료를 작성한다.

① 계획안 검토

- 교사는 계획안을 작성하여 전달하고 장학담당자는 필요한 경우 교사의 설명을 듣는다. 수업관찰 2~3일 전쯤까지 검토하여 지도 · 조언해 준다.

② 수업관찰

- 장학담당자는 계획수립 단계에서 교사와 협의하지 않은 행동은 삼가도록 주의해야 한다. 특히 수업 중에 교사와 학생들에게 불안감, 불쾌감, 심적 부담감을 주는 발언, 신체적 동작, 표정 등은 금물이다.
- 장학담당자의 관찰기록 행위는 가급적 교사와 학생들의 주의를 끌지 않도록 조심스럽게 이루어져야 한다.
- 수업관찰을 끝내고 교실을 떠날 때 교사의 수업활동에 대해 격려하는 간단한 비언어적 신호(예 손을 들어주기, 미소 지으며 간단한 목례)를 보내는 것이 좋다.

③ 수업관찰 결과 정리

- 장학담당자는 관찰 결과를 정리하여 차후 결과협의에 대비한다.

(3) 3단계 : 결과협의

3단계 결과협의에서는 수업관찰 결과를 중심으로 장학담당자와 교사 간에 상호 협동적인 논의를 통해 수업 개선을 위한 방안을 설정한다. 그리고 이를 실제 수업에 적용 · 평가해 보기 위해 2차 수업관찰을 계획하거나 교사 스스로 자기평가의 노력을 하도록 유도 · 격려한다.

결과협의는 가능한 한 수업 실시 · 관찰의 기억이 생생한 수업관찰 당일에 하는 것이 좋다.

① 수업관찰 결과 논의

- 교사는 장학담당자와 수업관찰 결과에 대한 논의를 시작하기 전에 먼저 자신의 수업에 대한 자기평가를 해본다.
- 장학담당자와 교사는 상호 협동적이고 부드러운 분위기 속에 수업관찰 결과를 논의한다. 장학담당자는 교사를 격려하면서 먼저 자연스럽게 교사 자신이 진행한 수업에 대해 개략적인 느낌이 어땠는지 말하도록 유도한다.
- 장학담당자와 교사는 기록물, 녹음 자료, 녹화 자료 등을 중심으로 수업의 만족스러운 점과 개선이 요구되는 점에 관해 논의한다.
- 장학담당자는 교사 스스로 자신의 수업 개선을 위한 아이디어를 끌어내도록 도와주고 격려한다.

② 수업연구 과제 해결 및 수업 개선 방안 설정

- 장학담당자와 교사는 수업연구 과제의 해결 · 개선 또는 수업 개선을 위한 방안을 설정한다.
- 장학담당자는 교사의 수업연구 과제의 해결 · 개선 또는 수업 개선과 관련하여 교사에게 계속적인 도움을 줄 수 있는 방법에 대해 의견을 교환한다.

③ **적용 · 평가**

- 수업연구 과제의 해결 또는 수업 개선을 위해 설정된 방안을 실제 수업에 적용 · 평가해 보기 위해 가능하면 2차 수업관찰을 계획하거나 교사 스스로 자기적용 · 평가의 노력을 하도록 유도 · 격려한다.
- 설정된 수업연구 과제 해결 및 수업 개선 방안의 일반화를 위한 노력(예 자료 정리 및 배포, 자체연수 시 발표, 연수회 발표 등)과 수행된 장학활동의 전체 과정에 대한 평가와 반성을 시도한다.

2) 초임교사 대상 수업 관련 지도 · 조언 활동 모형

초임교사를 위한 교내 자율장학 활동은 다음과 같다.

(1) 원 적응을 위한 소개활동

초임교사에게 원의 연혁, 교직원 현황, 조직 구성 및 운영 현황, 시설 현황, 지역사회의 특색 등을 소개하여 초임교사로 하여금 원에 대한 이해를 높인다. 초임교사들과 면담을 통해 교직생활에 따른 고충을 알아본다. 초임교사들이 심리적 안정감과 관리자에 대한 신뢰감을 갖도록 한다.

(2) 교재연구 및 계획안 작성을 위한 지도·조언 활동

초임교사가 수업을 진행하면 긴장감과 불안감을 가지게 되는데, 이를 해소하기 위해 교재연구에 필요한 각종 자료를 제공해 수업활동에 필요한 연구를 할 수 있도록 지원한다. 충실한 계획안 작성을 위해 작성을 확인하고 지도 · 조언해 주는 것이 필요하다.

(3) 선배교사의 수업에 대한 참관활동

초임교사의 수업기술 향상과 수업활동 적응도를 높이기 위해 선배교사의 수업을 참관할 수 있는 기회를 제공한다.

(4) 원장·원감의 초임교사에 대한 수업참관

초임교사의 수업을 첫 학기 중 참관하여 수업 방법 향상과 개발에 필요한 지도 · 조언을 한다.

(5) 생활지도·인성지도에 관한 연수·지도활동

초임교사는 생활지도에서도 긴장감과 불안감을 느낄 수 있다. 초임교사의 행동이해와 대처 능력 향상을 위한 연수 · 지도활동이 필요하다.

① 1단계 : 계획수립

1단계 계획수립에서는 원장 · 원감과 초임교사 간 상호 신뢰적이고 부드러운 분위기를 조성하고 초임교사가 교직에 적응하도록 도와주는 데 원장 · 원감의 지도 및 조언 활동의 목적이 있음을 이해시킨다.

가. 신뢰로운 관계 조성

- 부드러운 분위기에서 초임교사와 원장 · 원감 간에 신뢰롭고 친밀한 관계를 조성하기 위한 대화의 시간을 갖는다.

나. 수업 관련 지도 · 조언 활동에 대한 이해 증진

- 초임교사에게 교내 자율장학의 개념과 방법 등을 소개해 이에 관해 이해시키는 것이 중요하다. 활동계획안을 검토하거나 수업참관을 하는 것은 교내

자율장학의 한 방법으로 초임교사가 효과적으로 수업활동에 적응하고 교사발달을 도모하도록 도와주는 것임을 이해시킨다.

다. 수업 관련 지도 · 조언 활동 계획수립

- 초임교사와 협의하여 활동계획안 검토 · 지도 및 수업참관에 대한 계획을 수립한다.
- 수업참관을 시작하기 전 빠른 시기에 초임교사가 선배교사의 수업을 참관할 기회를 제공하며 스스로 자신의 수업을 녹음 · 녹화해 반성해 볼 수 있는 기회를 제공한다.
- 계획된 수업참관 시간에 진행 중인 수업을 방해하지 않고 교실에 출입할 수 있는 조치에 대해 초임교사에게 사전 협조를 구한다.

② 2단계 : 수업 관련 지도 · 조언 활동의 실행

2단계 수업 관련 지도 및 조언 활동의 실행에서는 원장 · 원감이 초임교사가 작성한 활동계획안을 검토 · 지도한다. 완성된 활동계획안에 따라 수업을 실시하고 수업참관을 한다.

가. 활동계획안 검토 · 지도

- 초임교사가 작성한 활동계획안을 검토하여 필요한 지도 · 조언을 제공한다.

나. 수업참관

- 초임교사는 활동계획안에 따라 수업을 실시한다. 원장 · 원감은 수업 개선에 필요한 자료를 수집 · 분석한다.
- 수업참관을 하면서 초기에는 대체로 수업활동의 전반적인 사항을 관찰하고 점차 수업활동의 특정 부분을 중점적으로 관찰한다.

- 수업참관을 끝내고 교실을 떠날 때 초임교사에게 교실방문 기회와 교사의 수업활동 노고에 대해 격려를 표시하는 간단한 비언어적 신호(예 손을 들어주기, 미소 지으며 간단한 목례)를 보내는 것이 필요하다.

③ 3단계 : 결과협의

수업참관 결과를 중심으로 수업 방법과 향상, 개발을 위한 정보나 아이디어를 제공한다. 결과협의는 가능한 한 수업 실시 · 관찰의 기억이 생생한 수업참관 당일에 갖는 것이 좋다.

가. 수업참관 결과 논의

- 초임교사는 원장 · 원감과 수업참관 결과에 대한 논의를 시작하기 전에 자신의 수업에 대한 개략적인 자기평가를 해본다.
- 원장 · 원감은 초임교사를 격려하며 자신의 수업에 대한 자기평가를 말하게 하고 수업에 대해 만족스러운 점과 개선이 요구되는 점에 대해 의견을 제시하고 지도 · 조언한다.
- 초임교사 스스로 자신의 수업 개선을 위한 아이디어를 끌어내도록 도와주고 격려한다. 이때 원장 · 원감은 자신의 경험담을 이야기하며 부드러운 분위기를 이끌어 간다.

2. 동료장학의 모형

동료장학은 동료교사들이 교육활동의 개선을 위해 모임이나 짝을 이루어 상호 간에 수업연구 · 공개 활동의 추진이나 공동 과제 및 관심사의 협의 · 연구 · 추진 등 공동으로 노력하는 과정이라고 볼 수 있다.

교사들이 수업연구 과제 해결이나 수업 방법 개선을 위해 수업연구 · 수업공개 활동을 하거나 교과지도와 생활지도 방법을 개선하기 위해 좋은 경험이나 아이디어를 교환하는 것이 대표적인 동료장학 활동이다. 특정 연구과제나 시범과제를 선정하여 관심 있는 동료교사를 중심으로 공동으로 연구를 수행해 나가거나 연구자료나 작품을 공동으로 제작하는 활동도 중요한 동료장학 모형이다.

경력교사가 초임교사와 1:1로 짝을 이루어 서로 수업을 공개하고 의견을 교환하며 교육활동 전반에 관해 도움을 주는 것도 동료장학 활동이다. 이는 경력교사와 경력교사 간에도 가능하다. 그뿐만 아니라 동료교사 상호 간에 교육활동 개선에 활용할 수 있는 좋은 지식 · 기술 · 정보 · 아이디어 · 경험 · 도움 또는 조언을 주고받는 여러 형태의 공식적 · 비공식적 활동도 넓은 의미의 동료장학으로 볼 수 있다.

실제로 교사들은 다양한 조언을 구하고자 할 때 대체로 동료교사를 선호하는 것으로 보인다. 교사들의 자율성과 협력성을 근간으로 그들의 요구에 맞게 융통성 있게 운영되어야 한다.

1) 수업연구(공개) 중심 동료장학

교사들이 수업연구 과제 해결이나 수업 방법 개선을 도모하기 위해 공동으로 수업연구 · 수업공개를 계획하고 수업을 관찰하며 이에 대해 협의하는 활동을 중심으로 한 동료장학이다.

(1) 1단계 : 계획수립

1단계 계획수립에서는 동료교사들의 자율적 · 협력적 분위기를 조성하고 수업발표 교사 또는 수업공개 교사를 선정한다.

① 자율적 · 협력적 관계 조성

- 동료장학의 특징 및 절차에 대한 이해를 높이고 동료교사들 간 자율적이고 협력적인 관계를 조성하기 위해 오리엔테이션을 갖는다.
- 동료교사들 간에 편안한 분위기를 만들어 주어야 한다. 가능한 한 안락한 장소에서 협의 및 연구를 할 수 있게 한다.

② 수업발표 교사 선정

- 동료교사 모임에서 수업연구 결과를 발표할 교사 또는 수업을 공개할 교사를 협의 · 선정한다.

③ 수업 개선 과제 선정

- 수업공개 교사가 수업과 관련하여 연구해 보고자 하는 사항이나 수업 개선을 위해 도움이 필요한 사항에 대해 의견을 교환한다.

④ 유아 · 수업에 대한 정보 교환

- 수업공개 교사는 유아들에 대한 제반 사항을 동료교사들에게 설명하고 의견을 교환한다.
- 수업의 내용, 수업 방법을 비롯한 수업 전반에 대한 사항을 동료교사들에게 설명하고 의견을 교환한다.

⑤ 상호 사전 교재연구

- 동료장학에 참여하는 모든 교사는 교재를 연구하고 정보와 아이디어를 수집해 수업공개 교사에게 제공하거나 상호 간 의견을 교환한다.
- 필요한 경우 수시로 전체적 또는 개별적으로 교사 모임을 가진다.

⑥ **활동계획안 협의, 작성**

- 동료교사들 간 의견 교환과 협의를 참고로 수업공개 교사는 활동계획안을 작성한다.

⑦ **역할분담 · 수업관찰 계획수립**

- 수업공개 교사와 동료교사들은 관찰내용, 시간, 장소, 위치 등에 대해 협의한다.
- 수업관찰을 효과적으로 실시하기 위해 동료장학에 참여한 교사들은 관찰내용, 관찰기록방법, 수업환경 조성에 관해서도 역할을 분담한다.

(2) 2단계 : 수업관찰

2단계 수업관찰에서 교사들은 작성된 활동계획안을 다시 확인하여 전개될 수업활동 전반에 대한 이해를 높인다. 수업관찰 교사들은 수업관찰 결과를 분석 · 정리하여 차후 결과협의를 위한 자료를 작성한다.

① **활동계획안 확인**

- 수업관찰 2~3일 전에 작성된 활동계획안을 동료장학에 참여하는 교사와 필요시 원장 · 원감에게 나누어 참고자료로 사용하게 한다.

② **역할분담에 따른 수업관찰**

- 수업관찰 계획에 따라 참여하는 교사들은 수업을 관찰 · 기록한다.
- 수업관찰 교사들의 관찰기록 행위는 가급적 교사와 유아들의 주의를 끌지 않도록 조심스럽게 이루어져야 한다.

(3) 3단계 : 결과협의

3단계 결과협의에서는 수업관찰 결과를 중심으로 동료장학에 참여한 교사들 간에 협동적이고 동료적인 분위기에서 자유로운 논의를 통해 수업 개선을 위한 방안을 설정한다. 수행된 장학활동의 전체 과정에 대한 반성 · 평가를 해본다.

① 수업관찰 결과 논의

- 수업공개 교사는 수업관찰 결과에 대한 논의를 시작하기 전에 먼저 자신의 수업에 대한 개략적인 자기평가를 한다.
- 수업관찰 교사들과 수업공개 교사는 수업관찰 자료(예 기록물, 녹음 자료, 녹화 자료)를 중심으로 상호 협동적이고 동료적인 분위기에서 수업의 만족스러운 점과 개선이 요구되는 점에 관해 논의한다.

② 수업 개선 방안 설정

- 수업관찰 교사들은 수업 개선과 관련하여 수업공개 교사에게 계속적인 도움을 제공할 수 있는 방법에 대해 의견을 교환한다.

③ 적용 · 평가

- 수업 개선을 위해 설정된 방안을 실제 수업에 적용 · 평가해 보기 위해 가능하면 추가적인 수업관찰을 계획하거나 교사 스스로 자기적용 · 자기평가의 노력을 하도록 한다.
- 원장 · 원감은 결과협의회에 참석하여 동료장학에 참여한 교사들의 협의사항이나 건의사항을 청취하고 동료장학에 참여한 교사를 격려 · 지원하며 필요한 지도 및 조언을 제공한다.

3. 자기장학의 모형

자기장학은 교사 개인이 자신의 전문적 발달을 위해 스스로 체계적인 계획을 세우고 이를 실천하는 활동이다. 교사는 전문직 종사자로서 자기발전 · 자기개발을 위해 끊임없이 노력해야 한다는 점에서도 자기장학의 의미는 크다.

자기장학은 원칙적으로 교사 자신의 필요와 요구를 존중하여 다양한 방법으로 전개되어야 한다. 자기장학의 영역은 교사의 전문적 발달영역이 된다. 교사의 수업지도 능력뿐 아니라 교사의 교직관 및 교육철학, 생활지도, 학급경영, 컴퓨터 활용 등 그 방법도 다양하다.

자기장학의 주요 방법은 다음과 같다.

- 스스로 자신의 수업을 녹음 또는 녹화하고 분석하여 자기반성 · 자기발전의 자료로 삼는 방법
- 스스로 교사평가 체크리스트를 이용해 자신의 교육활동을 평가 · 분석하여 자기반성 · 자기발전의 자료로 삼는 방법
- 자신의 수업이나 생활지도, 학급경영 등에 관련하여 면담이나 의견조사를 통해 자기발전의 자료로 삼는 방법
- 개인연구 등을 통해 자기발전을 도모하는 방법
- 교직활동에 관련된 전문서적이나 전문자료를 탐독 · 활용하여 자기발전의 자료로 삼는 방법
- 대학원 수강을 통해 자기발전을 도모하는 방법
- 연구기관, 학술단체 등 전문기관을 방문하거나 전문가와의 면담을 통해 자기발전의 자료를 수집하는 방법

- 교육활동에 관련되는 현장에 대한 방문이나 견학을 통해 자기발전의 자료를 수집하는 방법
- 각종 연수, 학술발표회, 시범수업 등에 참석하거나 상호 방문 프로그램에 참여해 자기발전을 도모하는 방법
- 교직생활, 가정생활에 도움이 되는 프로그램이나 강좌를 통해 자기발전을 도모하는 방법
- 인터넷이나 대중매체를 이용해 각종 교육관련기관이나 단체에서 자기발전의 정보 및 자료를 검색 · 수집하는 방법

자기장학의 주요 특징은 다음과 같다.

- 교사 자신의 자율성과 자기발전 의지 및 능력을 기초로 한다.
- 전문적 영역에서의 교사 자신의 성장 · 발달을 도모한다.
- 교사 자신이 스스로 계획을 세우고 이를 실천하며 그 결과에 대해 자기반성을 하는 활동이다.

1) 자기장학의 모형

(1) 1단계 : 자기장학의 계획수립

교사가 자신의 필요와 요구에 기초해 독립적으로 제반 전문 영역에서의 자기발전 목표 또는 자기발전을 위한 과제를 설정하고 구체적 활동계획을 수립한다. 교사가 나름대로 자기장학 계획을 수립한 후, 원장이나 원감과의 협의를 통해 계획을 보완 · 발전시키며 성공적인 자기장학을 위해 요구되는 지원사항을 확보하도록 노력한다.

① 자기발전 목표 또는 연구과제 선정

• 교사 스스로 전문적 발달영역에 있어 일정 기간 동안 자기발전의 목표 또는 연구과제를 선정한다. 이를 위해 스스로 장단점을 분석해 보고 실천 가능한 수준으로 정한다.

② 활동계획 수립

• 설정된 자기발전의 목표 또는 연구과제를 달성하기 위해 요구되는 수단과 방법, 일정을 포함한 구체적인 활동계획을 수립한다.

③ 요구되는 지원사항 추출

• 설정된 자기발전의 목표 또는 연구과제를 달성하기 위해 원장 · 원감으로부터 지원받기 원하는 기자재, 도구, 서적, 자료, 정보, 비용, 시간적 도움을 구체화하여 서면으로 작성한다.

④ 자기장학 계획의 발전

• 교사와 원장 · 원감은 교사가 설정한 자기발전의 목표 또는 연구과제, 활동계획에 대한 이해를 상호 공유하고, 좋은 아이디어나 정보를 교환해 자기장학 계획을 보완 · 발전시킨다.

⑤ 요구되는 지원사항 확보

• 교사가 자기장학을 위해 필요로 하는 기자재, 서적, 정보, 경제적 지원과 시간적 지원을 확보 · 제공한다.

(2) 2단계 : 자기장학의 실행

자기장학의 실행에서는 수립된 계획에 따라 일정 기간 동안 자기장학 활동을 실행해 나간다.

① 자기장학의 실행

- 교사는 정해진 기간 동안 수립된 월별, 주별 계획에 따라 자기장학 활동을 전개한다.
- 수업지도와 관련된 영역에서 자기발전의 목표달성 또는 연구과제 달성을 위해 자기장학을 하는 경우 초기에 자신의 수업을 녹음 · 녹화하여 분석해 보고 정기적으로 자신의 수업을 녹음 · 녹화하여 분석해 봄으로써 자기발전의 정도를 확인할 수 있다.
- 자기수업을 녹화하여 자기분석 하는 경우에 녹음을 끄고 화면만 이용해 비언어적 행동만, 화면을 끄고 녹음만 이용해 언어적 행동만 따로 분석해 보면 보다 유익한 정보를 얻을 수 있다.

② 실행과정 중 협의

- 교사는 자기장학 실행 중 처음에 세운 자기장학 계획을 수정할 필요성이 생기거나 지원이나 도움이 요구되는 경우 원장 · 원감과 협의를 갖는다.

(3) 3단계 : 자기장학의 결과협의

자기장학의 결과협의에서는 교사가 실천한 자기장학 과정과 결과에 대해 스스로 분석 · 반성해 보는 활동이 이루어진다. 이후 교사와 원장 · 원감과 협의를 통해 교사의 자기장학 활동과 결과에 대한 상호 이해를 높이고 교사의 계속적인 자기장학 노력을 격려한다.

① **자기반성**

- 자기장학의 실천결과를 교사 스스로 반성 · 평가해 본다.
- 자기장학의 실천과정 및 결과, 자기반성 · 평가의 내용, 향후 과제 또는 건의사항을 서면으로 정리하여 원장 · 원감과 협의를 위한 자료로 활용한다.

② **자기장학의 결과협의**

- 허용적이고 자유로운 분위기에서 원장 · 원감, 교사는 자기장학의 전반적인 과정과 결과에 대해 만족스러웠던 점이나 개선이 요구되는 점, 향후 과제 등에 대한 의견을 교환한다.
- 교사가 실천한 자기장학을 통해 얻은 유익한 아이디어, 정보, 작성된 보고서는 정리하여 발표하고 동료교사들에게 전달한다.

4. 약식장학의 모형

약식장학은 원장 · 원감이 짧은 시간 동안 수업참관을 통해 교사들의 수업활동과 학급경영 활동을 관찰하고 이에 대해 교사들에게 지도 및 조언을 제공하는 것을 말한다. 이런 약식장학은 비공식적인 성격이 강한 활동으로 다른 형태의 장학에 대해 보완적이고 대안적인 성격을 갖는다.

약식장학의 필요성은 다음과 같다.

- 원장 · 원감이 수행하는 수업참관을 중심으로 한 약식장학은 교사들의 수업활동과 학급경영 활동을 포함해 교육 및 경영 전반에 관련한 개선을 위한 원장 · 원감의 적극적 의지와 노력, 지도성의 좋은 표현방식이 된다.
- 약식장학을 통해 원장 · 원감은 교사들의 미리 준비한 수업활동이나 학급

경영 활동이 아닌 평상시의 자연스러운 수업활동이나 학급경영 활동을 관찰할 수 있으며 이에 대해 의미 있는 지도·조언을 제공할 수 있다.

- 약식장학을 통해 원장·원감은 교육, 경영, 원의 풍토와 같은 전반 영역에 걸쳐 원에 대한 전체를 파악하는 데 필요한 정보를 수집할 수 있다.

약식장학의 특징은 다음과 같다.

- 원칙적으로 원내 자율장학의 책임자인 원장·원감의 계획과 주도하에 전개된다.
- 간헐적이고 짧은 시간 동안의 수업참관을 중심으로 한다.
- 다른 장학 형태에 대해 보완적이고 대안적 성격을 갖는다.

1) 약식장학의 모형

약식장학은 원칙적으로 원장·원감의 계획과 주도하에 진행되는 관계로 약식장학의 전체 과정에서 원장·원감 간의 협력과 적절한 역할분담이 필요하다.

(1) 1단계 : 약식장학의 계획수립

원장·원감은 가능한 한 공동으로 전체 교사를 대상으로 수업참관을 위한 계획을 수립한다.

① 수업참관 계획수립

- 원장·원감은 가능한 대상 교사 및 학급, 시간과 일정, 관찰 중점 사항을 포함하는 계획을 수립한다.
- 원장·원감이 서로 중복되지 않게 일정을 조정한다.

② **교사들과의 의사소통**

- 원장 · 원감은 전체 교사를 대상으로 약식장학의 의미와 방법에 대해 충분한 오리엔테이션을 실시하여 교사들의 약식장학에 대한 이해를 높이고 불필요한 부담감이나 오해가 없도록 한다.
- 원장 · 원감은 수립된 계획을 해당 교사들에게 전달하고 교사들이 궁금해 하는 사항에 대해 충분한 대화의 시간을 갖는다. 교사들로부터 제안이 있으면 계획을 수정할 수도 있다.

(2) 2단계 : 약식장학의 실행

약식장학의 실행에서 원장 · 원감은 계획에 따라 수업참관을 실시하여 교사들의 수업, 학급경영 현황 및 개선을 위한 자료, 경영 전반 개선을 위한 자료를 수집한다.

① **수업참관 실시**

- 원장 · 원감은 수립된 계획에 따라 수업참관을 실시한다. 초기에는 가능한 2~3분 정도 짧은 시간 동안 하며 점차 시간을 늘려가는 것이 좋다.
- 원장 · 원감은 교수법, 지도과정, 활동형태, 자료활용 등 여러 요소와 관련하여 좋은 점이나 개선이 요구되는 점에 관한 자료를 수집한다.
- 원장 · 원감은 교실에 출입할 때 진행 중인 수업에 방해가 되지 않도록 각별히 주의한다. 수업 중인 교사와 유아들에게 불안감, 불쾌감, 심적 부담감을 주는 발언, 신체적 동작, 표정 등은 삼가야 한다.
- 원장 · 원감은 관찰된 사항을 그 자리에서 기록하기보다 잘 기억하고 있다가 교실을 나온 후 기록하도록 한다.

② **수업참관 결과 정리**

- 원장 · 원감은 수업참관 후 기억이 생생할 때 관찰사항을 간단히 기록해 놓도록 한다.
- 참관대상 교사, 참관학급, 참관일시, 관찰내용에 대한 의견, 개선이 요구되는 점 등을 기록하면 좋다.

(3) 3단계 : 약식장학의 결과협의

약식장학 결과협의에서는 결과를 토대로 교사에게 적절한 지도 · 조언을 제공한다.

① **교사에게 환류 제공**

- 원장 · 원감은 부드러운 분위기 속에서 개별 면담을 통해 교사의 수업 또는 학급경영 활동의 좋은 점과 개선이 가능한 점에 대해 환류를 제공하고 의견을 교환한다.
- 원장 · 원감은 교사의 수업 또는 학급경영 활동의 긍정적이고 좋은 점을 격려하고 교사 자신의 계속적 자기발전 의지와 능력을 촉진하기 위해 노력한다.
- 구두로 환류를 제공하기 어려운 경우 관찰 결과 좋은 점과 개선이 가능한 점에 대해 간단한 메모를 전달함으로써 환류를 제공할 수도 있다.

② **약식장학 발전 논의**

- 원장 · 원감은 필요한 경우 수업참관에 관한 자료와 정보를 교환하고 의견을 나눔으로써 추후 보다 발전적인 약식장학을 추진하기 위한 아이디어를 추출한다.

5. 자체연수의 모형

자체연수는 교육활동의 개선을 필요와 요구에 기초해 원내의 인적·물적자원을 활용해 원 자체에서 실시하는 연수활동을 의미한다. 원내 자율장학은 원에서 교육활동의 개선을 위해 자율적으로 원장·원감을 중심으로 하여 전체 교직원이 상호 이해와 협력을 기초로 교육활동 개선에 활용할 수 있는 좋은 지식, 기술, 정보, 아이디어, 경험, 도움, 조언 등을 서로 나누어 갖는 활동으로 볼 수 있다. 이런 관점에서 자체연수는 원내 자율장학의 중요한 형태이다.

자체연수에서 다룰 수 있는 주제는 교사의 교육과정 지도와 운영에 초점을 둔 전문적 발달영역뿐 아니라 교사 개인에 초점을 둔 개인적 발달영역, 조직 전반에 초점을 둔 조직적 발달영역이 될 수 있다. 원의 형편, 그리고 교직원들의 필요와 요구에 따라 원장·원감, 부장교사, 교직원, 외부 전문가나 장학요원들이 연수담당자가 되어 자체연수를 진행할 수 있다. 또한 학부모를 강사로 초청해 연수를 진행할 수도 있다.

자체연수 방법으로는 강의식 연수, 토의식 연수, 전달식 연수, 실습중심 연수, 현장방문·견학중심 연수, 초청강연 연수 등이 있다. 특히 교사들이 개별 또는 협동적으로 수행한 수업장학, 동료장학, 자기장학의 결과로 얻은 수업 개선 및 수업과제 해결을 위한 좋은 아이디어나 정보를 다른 교사들에게 전달하는 연수는 그 가치가 높다.

효과적인 자체연수를 실시하기 위해서는 교사들의 연수에 대한 필요와 요구를 존중하고 연수의 계획에서 실행, 평가의 전 과정에 교사들의 적극적인 참여를 지원하고 촉진해야 한다.

자체연수의 특징은 다음과 같다.

- 교사들의 자율성과 협동성을 기초로 한다.
- 원의 형편과 교사들의 필요와 요구에 기초해 그 내용과 방법에 있어 다양하고 융통성 있게 운영된다.
- 교사들의 전문적 발달뿐 아니라 개인적 발달, 원의 조직적 발달까지 도모할 수 있다.
- 원의 전반적 운영계획과 연계해 원칙적으로 일정 계획에 의거 실시된다.

1) 자체연수의 모형

(1) 1단계 : 자체연수의 계획수립

자체연수에 대한 계획수립은 크게 두 가지 경우로 구분된다. 첫째는 원에서 일반적으로 초기에 전반적 경영계획을 세울 때 자체연수 계획을 수립하는 것이다. 둘째는 초기에 계획된 자체연수를 실시하기 직전에 연수 계획을 보다 상세하고 구체적으로 짜는 것이다.

① 긍정적 자체연수 분위기 조성

- 원장 · 원감은 연초, 학기 초, 평상시에 자체연수의 의의와 중요성, 그리고 자율적이고 협력적인 자체연수 운영을 강조해 자체연수에 대한 교직원들의 관심을 높인다.
- 원장 · 원감은 매월 특정 요일을 자체연수의 날로 하여 동일한 시간에 원장 · 원감을 포함한 모든 교직원이 자체연수에 참여하도록 한다.
- 교직원들의 업무부담, 잡무부담을 최대한 경감시켜서 자체연수에 임할 수 있는 마음의 여유와 시간적 여유를 갖게 한다.

② 자체연수 요구조사

• 학기 초 모든 교직원을 대상으로 자체연수의 날에 다루기 희망하는 주제나 과제, 자신이 발표할 수 있는 주제에 대해 요구조사를 실시한다.
• 자체연수의 날에 자원인사나 학부모 등 외부 인사를 초청해 연수할 경우 교직원 주변에 초청 가능한 인사에 대해서도 의견을 수렴한다.

③ 자체연수 계획수립

• 자체연수에 대한 요구조사를 토대로 원의 형편에 맞게 연간 자체연수 계획을 수립한다.
• 자체연수에서 다룰 영역은 교사의 전문적 발달, 개인적 발달, 원의 조직적 발달 등 여러 영역에서 다양하고 조화롭게 구성되어야 한다.

④ 자체연수 준비

• 계획된 자체연수를 실시하기 전에 수립된 연수 계획을 중심으로 연수담당자, 내용, 방법, 시기 등을 점검 및 확인한다.
• 자체연수의 실시에 필요한 자료와 기자재, 연수장소의 정리, 준비상태를 확인한다.

(2) 2단계 : 자체연수의 실행

정해진 시간과 장소에서 구체적이고 실질적인 자체연수 활동이 전개된다.

① 자체연수 실행

• 원의 형편과 교사들의 요구에 따라 필요시 외부 연구기관, 대학, 장학요원, 인근 원의 우수 교직원, 학부모 강사를 초청해 연수를 받을 수 있다.

- 연수 시기는 연수의 내용, 방법, 대상, 원의 형편과 교직원들의 요구에 따라 다소 차이는 있으나 대체로 자체연수의 날을 지정해 활용하거나 방학 중 할 수 있다.
- 연수장소는 원내에서 이루어지는 것이 일반적이나 필요한 경우 현장방문 · 견학중심의 원외활동이 이루어질 수 있다.

(3) 3단계 : 자체연수의 결과 평가

결과 평가에서는 자체연수의 내용과 방법, 결과를 논의한다.

① 자체연수 결과 논의

- 원장 · 원감, 연수담당자, 교직원들은 자체연수의 내용과 방법, 자체연수의 결과에 대해 만족스러운 점과 개선이 요구되는 점에 대해 의견을 교환한다.

② 적용 · 평가

- 교직원들은 자체연수에서 얻은 지식, 기술, 정보, 아이디어를 실제 교직생활에 스스로 적용 · 평가해 보도록 노력한다.

CHAPTER 06

지구 자율장학

1. 지구 자율장학의 개념
2. 지구 자율장학 활동
3. 지구 자율장학 협의회에서 구성원 역할

CHAPTER 06

지구 자율장학

1. 지구 자율장학의 개념

지구 자율장학은 교육청의 장학력을 보완할 수 있는 방안으로 활용되고 있다. 교육청이 장학의 여러 목표를 달성하기에는 장학요원이 수적으로 부족할 뿐 아니라 그들이 담당하는 업무가 전문적이라기보다 행정적 성격이 강하다. 이러한 상황에서 교육청은 지구 자율장학 활동을 조직 · 운영하고 있다.

지구 자율장학의 일반적인 개념은 지구(지역) 내 인접한 원들 간 또는 교원들 간에 교육활동 개선을 위해 원의 교원들의 자율적 참여와 협력을 기초로 추진되는 상호 협력적 장학활동이라 하겠다. 교육 프로그램 및 교육정보 교환, 교육연구 및 특색사업의 공동 협의 · 추진, 교육현안의 협의 · 조정, 협동적 교육 · 학예활동 협의 · 추진, 교직원 친목활동 협의 · 추진 등이 이루어진다.

이러한 활동을 통해 지구 자율장학이 추구하는 목적은 교원의 전문성 신장, 원의 교육력 강화, 원 간 교육격차의 해소 및 균형 발전, 지구 내 교직원의 친목 도모, 교육에 관한 정보 교환 등이다. 조직된 지구마다 자율적인 계획에 의해 다양하게 운영되는 지구 자율장학 협의회는 공사립에 따라 차이가 있다. 공립 유치원의 경우 원장 · 원감을 겸임하고 있는 초등학교 교장과 교감의 참석이 제대로 이루어지지 않고 공립교사 위주로 참여가 이루어지고 있는 반면, 사립유치원의 경우에는 원장 위주로 이루어져 원장의 참석이 높지만 교사들은 공개수업과 같은 형태에 참여하고 있다.

지구 자율장학의 특성은 다음과 같다(이윤식, 2022).

첫째, 원 중심성이다. 지구 자율장학은 이웃하고 있는 몇 개의 원이 주체가 되어 보다 능동적이고 적극적으로 상호 필요한 정보 교환이나 공동 사업 및 교육활동 추진을 통해 교육청 장학이나 원내 자율장학에서 이루기 어려운 장학활동의 효과를 올릴 수 있다.

둘째, 자율성이다. 지구 자율장학은 외부로부터의 통제 없이 원과 교원의 의견을 수렴해 활동계획을 수립하고 이를 자율적으로 실천해 나간다.

셋째, 협력성이다. 지구 자율장학은 여러 원들 간의 공동체가 추진하는 활동이다. 원과 교원들 간에 상호 협력하며 적극적으로 참여하는 자세와 분위기가 필요하다. 교육청 장학요원들로부터 도움과 협력을 받을 수 있다.

넷째, 다양성이다. 지구 자율장학은 원의 조건, 교원들의 필요와 요구에 기초해 다양한 형태로 운영된다.

다섯째, 계속성이다. 지구 자율장학은 일시적이고 단기적인 활동이 아니라 계속적으로 협의를 통해 수립하고 이를 추진해 나가는 활동이다.

여섯째, 자기발전성이다. 지구 자율장학은 원과 교원들 각자의 자기발전을 도모할 수 있는 활동이다. 원에서 자체적으로 추진하기 어려운 활동을 지구 자율장학 활동을 통해 추진할 수 있다.

2. 지구 자율장학 활동

지구 자율장학 활동에는 정보 교환 및 수업연구 · 수업공개, 교원연수 · 세미나 등의 개최, 경영 우수사례 발굴 · 전파 및 협의회 구성원들 간 동호회 활동, 원의 교육현안 협의 · 조정 및 공동 과제 협의 · 추진의 영역이 있다(박현주, 2004).

1) 정보 교환 및 수업연구 · 수업공개

교사는 교직생활의 발달을 거치며 다양한 프로그램에 관한 정보와 도움을 얻고자 한다. 전문적 협회 및 모임에의 참여, 전문서적이나 잡지 보기, 새로운 기술과 방법을 배우고 의견을 교환하며 여러 분야 전문가와의 만남을 통해 교사 자신의 발달적 요구를 만족시키고자 노력한다. 하지만 소규모의 특수성을 지닌 어린이집과 유치원 현장에서 교사들의 다양한 욕구를 충족시키는 장학의 방법을 활용하는 일은 쉬운 일이 아니다. 이러한 교사들의 다양한 요구는 지구 자율장학 협의회를 통해 충족될 수 있다. 아동관찰, 자기 임상장학, 대학 및 대학원 등록, 자격연수, 전문단체 참여와 같은 정보를 공유한다든지, 끊임없는 격려와 지지를 받을 수 있으며 협동정신을 신장시키고 새로운 정보 교환을 통해 질적 향상을 이룰 수 있다.

또한 수업공개 협의를 통해 상호 정보 교환 및 객관적 입장에서 운영상태 등을 관찰할 수 있다. 교사들이 단 한 가지 교수 모형에 전적으로 의존하는 것보다 다양한 교수 모형 가운데 융통성을 가지고 가르치는 것이 바람직하다.

따라서 교사들이 지구 자율장학 협의회에서 수업연구 및 수업공개 활동으로 새로운 교수 모형의 방법을 지원하고 도움을 제공할 수 있다. 교사들이 토론, 독서, 강의를 통해 수업에 대한 기술을 탐색하도록 격려할 수 있다. 그래서 교사들이 현재 자신이 사용하고 있는 방법을 실행하고 그 방법에 숙달하고 나서 교수 모형과 방법에 대한 확장으로 자신의 성장을 도모할 수 있게 해야 한다. 지구 자율장학 협의회 구성원들 간에 서로 역할을 바꾸어 다른 동료와 수업을 함께 계획, 관찰, 평가하게 됨으로써 서로 도움을 주고받으며 관점을 넓혀 전문성을 신장시킬 수 있게 된다.

2) 교원연수 · 세미나 개최

지구 자율장학 협의회를 통해 전문서적을 읽거나 두세 개의 원이 협력하여 세미나를 하도록 하면 편협한 관점에서 벗어나 서로 간에 자극이 되고 새로운 생각을 다양하게 교환할 수 있게 된다. 그뿐 아니라 다른 원을 참관하는 것은 교사가 자신의 생각을 새롭게 하고 다양한 수업기술을 강화시킬 수 있는 매우 좋은 방법이다. 참관하는 원의 교사가 유능한 경우는 물론이고 그렇지 않은 경우도 효과적이므로 여러 곳을 참관하는 것이 바람직하다.

또 새로운 이론을 받아들일 경우 충분한 이해를 통해 전문서적을 정기적으로 읽게 하는 것은 어려운 일이다. 이에 지구 자율장학 협의회를 통해 교사들끼리 독서모임을 조직해 관심 분야의 책을 함께 읽고 독서내용에 기초를 두고 교사 세미나를 갖도록 하여 내용에 대해 발표 · 토의할 수 있게 하는 것은 매우 효과적인 활동이 된다.

3) 경영 우수사례 발굴 · 전파 및 협의회 구성원들 간 동호회 활동

원 단위의 책임경영은 개성 있고 다양한 원 운영을 가능케 하고 보다 안정적으로 교육활동을 진행할 수 있도록 하므로 자율적이고 민주적이며 전문적인 원 경영이 이루어져야 한다. 경영 및 교육활동 우수사례를 발굴하고 전파하여 타

원에 일반화하며 원들의 협력적 발달의 도모는 지구 자율장학 협의회를 통해 이루어질 수 있다.

또 지구 자율장학 협의회를 통해 원 간 교직원 실기대회나 전시회, 발표회 등 학예활동을 협의 · 추진하고 다양한 친목활동을 할 수 있다.

4) 교육현안의 협의 · 조정 및 공동연구, 공동 과제 협의 · 추진

지율장학 협의회 구성원들 중 임상교사, 멘티, 현장연구가 등의 교사 전문가를 양성하여 협동적인 교육활동을 전개해 나가는 것도 바람직하다. 지구 자율장학 협의회 구성원들 간의 교류를 통해 새로운 아이디어를 얻고 수업과 관련된 문제 등을 논의하며 원과 지구의 교육현안에 대해 협의하고 조정하여 운영할 수 있다. 각 원의 교육내실을 위해서도 지구 자율장학 협의회의 필요성은 더욱 증대된다.

지구 자율장학 협의회는 영세한 규모와 과중한 업무로 수업 개선에 어려움을 겪고 있는 교사들에게 과제를 분담하고 공동연구의 기회를 마련하여 전문성을 향상시키는 계기를 마련할 수 있다. 특정 연구과제나 시범과제를 선정해 관심 있는 동료교사들을 중심으로 공동연구를 수행하거나 연구자료나 작품을 공동으로 제작하는 활동을 전개할 수 있다. 협동적이며 지지적인 분위기 속에서 수업에 대한 자신감을 형성할 수 있고 개인적 장점과 노력이 필요한 부분을 찾아내고 발전시킬 수 있다.

3. 지구 자율장학 협의회에서 구성원 역할

지구 자율장학 협의회 구성원인 장학사, 원장 · 원감, 교사는 지구 자율장학 협의회 기본 형태에 관한 전반적인 면에 걸쳐 전문적이고 체계적인 지식과 기술을 가지고(김군희, 2000), 효과적 지구 자율장학 협의회가 이루어질 수 있도록 각자의 역할을 잘 수행해야 한다.

1) 장학사의 역할

지구 자율장학 협의회에서 장학사는 다른 구성원에 비해 더 총괄적 관리를 해야 하므로 교육 전반에 대한 올바른 가치관을 확립해 교육에 대한 기본 청사진을 갖고 있어야 한다. 교육의 지도성을 발휘해야 하는 장학사는 장학사 자신의 철학이 장학 행위로 나오기 때문에 교사들의 전문성 향상에 도움을 주어 지구 자율장학 협의회의 목적이 달성될 수 있도록 교육에 대한 올바른 가치관을 확립해야 한다.

장학사는 교사의 수업기술 향상과 전문적 성장을 돕는 일, 그것을 평가하는 일을 수행하여 교사 스스로 성장하고자 하는 의욕과 동기를 불러일으키는 역할을 담당해야 한다. 또 원의 수업 체제와 밀접하게 계속 접촉하며 업무를 수행해야 한다. 교사들과의 교류를 통해 유대감을 형성하고 독서, 견학, 전문협의회 참석 등을 통해 최근 정보를 유지하며 이를 필요로 하는 사람에게 보급해야 한다.

장학사는 지구 자율장학 협의회에서 물적 · 인적자원을 확보하고 이를 배분하며 교원들이 바람직한 능력을 습득하도록 돕기 위해 풍부한 자원을 제공해 주어야 한다. 또 현장의 건설적 의견을 수렴하여 현장의 문제들을 보다 효율적으로 해결할 수 있는 방안을 협의하고 모색해 지구 자율장학의 기능을 활성화해야 한다.

교사들은 과중한 업무나 시간 제약으로 새로운 정보나 지식을 습득할 수 있는 기회가 적기 때문에 장학사는 교사들이 자율장학 협의에 적극적으로 참여하여 실질적이고 효과적인 장학활동을 전개할 수 있도록 필요한 시간적 · 심리적 여유와 물적 · 재정적 여건을 적절히 마련해 주어야 한다. 또 지구 자율장학 협의회를 진행하는 데 필요한 기자재와 장소, 예산을 확보하여 효과적인 장학활동의 여건을 마련해야 한다. 장학사는 지구 자율장학 협의회가 활성화되도록 재정적 · 행정적 지원(Cruso & Fowcett, 1992)을 제공해야 한다.

2) 원장 · 원감의 역할

지구 자율장학 협의회를 통해 다양한 정보를 자신의 원에 적절하게 취사할 수 있는 안목을 갖고 원 운영의 일관성을 유지하기 위해 기관의 전체적인 운영 및 관리를 담당하며 교육 가치관을 확고히 세워야 한다. 원장과 원감은 지구 자율장학 협의회를 통해 전문적인 지식과 기술을 갖추도록 노력해야 한다. 원장 · 원감은 형식적이고 획일적 장학보다 교사 개개인의 경험이나 능력을 고려하여 교사의 전문성 신장과 교수-학습방법 개선에 도움을 주기 위해 스스로 먼저 교육에 대한 전문적인 기술을 함양해야 하며, 이는 지구 자율장학 협의회를 활성화하고 교사들의 태도를 긍정적으로 변하게 한다.

원장 · 원감은 지구 자율장학 협의회 구성원인 교사들의 자질과 인성을 관찰하여 좋은 점은 계속 신장시키고 보완하게 함으로써 교사 스스로 자기성장을 촉진하고 동기를 유발해 직무의 능력을 향상시키는 역할을 담당해야 한다. 또 교사들의 수업부담과 잡무부담을 경감시켜 교사들이 적극적이고 자발적으로 참여할 수 있는 여건을 조성해야 한다.

원장 · 원감은 인간관계의 갈등상황에 민감하게 반응하여 교사들의 사회 · 심리적 필요를 충족시켜 주고 분담과제 수행이나 정보 교환 등의 역할을 수행할 수 있도록 지지해 주어야 하며, 교원들 간 우호적이고 협조적 관계를 통해 친밀한 인간관계를 형성하여 인화적 분위기를 유지해야 한다.

3) 교사의 역할

교사는 올바른 교육 가치관을 확립해야 한다. 교직의 직무를 수행하는 데 전문적 교육이론, 방법, 기술이 필요하며 지구 자율장학 협의회에서 활동의 목표를 세우고 다양한 방법을 모색하며 교사로서의 발달을 도모하기 위해서는 교사로서의 교육철학이 확고히 정립되어야 한다.

지구 자율장학 협의회 활동을 통해 전문적인 지식과 기술을 함양하며 전문적 성장을 통해 다른 사람들에게 도움을 제공해 상호 협력적 발달을 이룰 수 있게 된다. 지식 습득뿐 아니라 자기 스스로에 대해 생각하는 기회를 가지며 적극적으로 문제를 해결해 나가는 의식을 가지고 자신의 전문성을 발전시켜 나가야 한다.

또 교사들은 소극적인 태도에서 벗어나 적극적인 자세로 참여해야 한다. 장학활동을 실시하고 각종 협의회나 연수를 지도할 장학담당자나 전문적인 인적자원이 부족하므로 지구 내의 우수한 교사를 발굴해 도움을 받을 수 있도록 한다.

이와 더불어 대화의 기회를 마련해 교직생활의 지지 기반을 마련하고 정보를 교류해 교사로서의 전문적인 안목을 키우며 구성원들 간의 과제를 분담하여 수행하는 등 다양한 방법으로 참여해야 한다. 지구 자율장학 협의회가 교사들의 적극적인 참여로 효과를 거두기 위해 교사들은 교원들과의 친밀한 인간관계 및 인화적 분위기를 유지해야 한다. 교사들 간 긍정적인 인간관계가 이루어져야 교직원, 영유아, 부모에게도 긍정적인 영향을 미치며 질적인 교육을 제공할 수 있다. 그러므로 지구 자율장학 협의회에서 원만한 인간관계 형성을 통해 소속감과 만족도를 높여 교사발달이 이루어지도록 노력해야 한다.

CHAPTER 07

컨설팅 장학

1. 목 적
2. 대 상
3. 과 업
4. 의뢰인
5. 장학요원
6. 원 리
7. 절차와 내용
8. 유 형
9. 자율관리 실천 지원을 위한 맞춤형 컨설팅

CHAPTER 07

컨설팅 장학

2000년대 들어 학교현장을 중시하는 장학이 더욱 일반화되어 가면서 교육행정기관이 주도하던 장학활동이 현장 중심의 자율장학 활동이 되도록 지원하는 성격을 띠게 되었다. 컨설팅 장학은 컨설팅과 장학의 합성어로 장학에 컨설팅의 원리와 방법을 도입한 교원 전문성 개발활동이다. 전형적 활동은 원의 문제를 진단하고 대안을 마련하며 문제해결 과정을 지원하고 교육훈련을 실시하며 문제해결에 필요한 인적·물적자원을 확인하여 조직화하는 일이다. 컨설팅 장학은 교원의 자발적 의뢰를 바탕으로 교수-학습과 관련된 전문성을 계발하기 위해 교내외 전문성을 갖춘 사람들이 제공하는 조언 활동을 의미한다. 즉, 전문성을 갖춘 장학요원들이 교원의 의뢰에 따라 직무수행상 필요로 하는 문제와 능력에 관해 진단하고 그것의 해결과 계발을 위한 대안을 마련하여 대안을 실행하는 과정을 지원 또는 조언하는 활동이다(김도기, 2013; 홍창남, 2012).

1. 목 적

컨설팅 장학의 목적은 교사의 전문성 개발을 통해 교육의 질을 높이는 데 있으며, 교육학 전반에 걸친 통합적 안목, 생활지도, 교과교육, 수업기술에 관한 전문성 등 다양한 전문성이 요구된다. 이는 결국 교수-학습에 직간접적으로 관련된 전문성이다. 컨설팅 장학은 교사들의 교수-학습과 관련된 전문성 개발에 일차적 목적이 있으며 이를 통해 교육의 질을 개선하는 데 궁극적 목적이 있다.

2. 대 상

컨설팅 장학의 대상은 교사의 교수-학습에 직접적으로 관련된 문제 혹은 과제와 교수-학습에 간접적으로 관련된 문제를 포함한다.

3. 과 업

컨설팅 장학의 가장 중요한 과업은 교사가 필요로 하는 전문적인 도움을 통해 그들의 전문적 성장과 발달을 돕는 것이다. 먼저, 의뢰 교사의 문제에 대한 정확한 진단, 둘째, 의뢰 교사의 문제를 해결할 수 있는 방안의 구안과 방안 실행에 필요한 직간접적 지원, 셋째, 의뢰 교사를 대상으로 한 교육이나 훈련 실시, 넷째, 컨설팅 장학 우수사례의 발굴 및 비슷한 어려움에 처한 교사들에 대한 문제해결 사례와 정보 제공 등이 있다.

4. 의뢰인

컨설팅 장학의 의뢰인은 교원으로 주로 교사이다. 교사들은 그들의 교수-학습에 직간접적으로 영향을 미치는 모든 문제나 과제에 대해 도움을 요청할 수 있다.

5. 장학요원

컨설팅 장학은 장학의 여러 관점 중 과정으로서의 관점을 취한다. 따라서 원칙적으로 의뢰인의 문제를 해결하는 데 전문적인 지원을 할 수 있다면 누구라도 장학요원이 될 수 있다. 컨설팅 장학에서는 장학요원과 의뢰인 사이의 편안하고 수평적인 관계가 매우 중요하다. 그런 점에서 원활한 수평적 의사소통이 가능하고 교사들이 가장 선호하는 동료교사가 유력한 장학요원 후보이다. 이 외에도 교수, 연구원, 의사, 변호사 등 교사의 문제를 해결하는 데 도움을 줄 수 있는 각종 전문가와 원장 · 원감, 교육전문직, 퇴임교사들도 컨설팅 장학요원이 될 수 있다.

6. 원 리

컨설팅 장학의 원리는 다음과 같다(김도기, 2005).

첫째, 자발성의 원리이다. 컨설팅 장학은 문제나 과제 혹은 전문가의 도움을 필요로 하는 교사가 스스로 그 필요성을 느끼고 자발적으로 도움을 요청함으로써 시작된다. 즉, 교사의 자발적 의뢰에 따라 장학이 이루어지는 것이다.

둘째, 전문성의 원리이다. 컨설팅 장학은 역할이 아닌 과정으로서의 장학에 대한 관점을 취하기 때문에 그 성패가 컨설팅 장학요원의 전문성에 달려있다고 해도 과언이 아니다. 따라서 컨설팅 장학요원은 반드시 장학관이나 장학사, 원장이나 원감이 될 필요는 없다. 교사가 도움을 필요로 하는 문제를 해결할 수 있는 사람이라면 컨설팅 장학요원이 될 수 있다. 이것이 전문성의 원리이다.

셋째, 자문성의 원리이다. 컨설팅 장학에서 컨설팅 장학요원은 교사를 대신

하여 문제를 직접 해결하는 것이 아니라 교사가 그 문제를 해결하도록 자문하고 조언하는 역할을 수행해야 한다. 이것이 자문성의 원리이다. 따라서 장학 결과에 대한 최종적 책임은 장학요원에게 있지 않고 자문을 의뢰한 교사에게 있다. 물론 컨설팅 장학요원에게도 장학서비스의 질에 책임이 없는 것은 아니다. 그러나 교사 본인이 전문성이 떨어지는 장학요원을 직접 선택했고 그로 인해 만족스러운 결과를 얻지 못했기 때문에 컨설팅 장학의 결과에 대한 책임은 선택권을 행사한 교사 자신에게 더 많이 있다고 할 수 있다.

넷째, 독립성의 원리이다. 컨설팅 장학에서는 도움을 요청한 교사와 장학요원이 상하급자의 관계가 아니라 의뢰인과 장학요원이라는 평등한 관계에서 상호작용해야 한다. 즉, 장학요원은 의뢰인인 교사와의 합의에 따라 독립적으로 객관적 조언과 도움을 제공해야 한다. 의뢰인은 장학요원이 마음에 들지 않을 경우 거부하거나 교체를 요청할 수 있고 심각한 경우 컨설팅 장학을 종료할 수도 있어야 한다. 컨설팅 장학은 기본적으로 원 차원에서 이루어지는 장학활동이므로 동료교사나 원장, 원감이 장학요원이 될 가능성이 높다. 그렇다면 교사 입장에서는 부담스러울 수 있고 이럴 경우 독립성의 원리가 훼손될 가능성이 있다. 그러나 컨설팅 장학에서는 교사의 의뢰로 장학이 시작되고 의뢰인이 장학요원을 직접 선택할 수 있다.

다섯째, 일시성의 원리이다. 교사에게 제공되는 컨설팅 장학은 협약 기간 동안 제공되는 일시적 서비스가 되어야 한다. 의뢰인과 장학요원 간 약속된 문제가 해결되면 컨설팅 장학은 종료되어야 한다. 이것이 일시성의 원리이다. 컨설팅 장학에서는 똑같은 문제에 대해 의뢰인이 도움을 다시 요청하지 않도록 장학요원이 최선을 다해야 한다는 점에서 일시성의 원리가 강조되기도 한다.

여섯째, 교육성의 원리이다. 컨설팅 장학은 장학요원과 의뢰인 사이에 당면 문제 해결에 필요한 지식, 기술, 경험 등에서 차이가 있음을 전제로 한다. 그런

데 교사는 교육전문가이므로 의뢰인은 컨설팅 장학의 전 과정에서 당면 문제를 해결할 수 있을 뿐 아니라 장학요원으로부터 컨설팅 장학 자체에 관해서도 잘 학습할 수 있다. 그러므로 컨설팅 장학의 전 과정은 의뢰인에게는 장학 자체에 관한 학습의 과정이 되어야 한다. 또한 장학요원도 컨설팅 장학 활동을 통해 의뢰인의 문제를 해결해 줄 뿐 아니라 스스로도 컨설팅 장학의 새로운 기법이나 방법, 사례를 배울 수 있어야 한다.

7. 절차와 내용

첫째, 착수 단계에서는 의뢰인과의 첫 만남과 예비 문제 진단, 협약이 이루어진다. 컨설팅은 전적으로 의뢰인의 자발적 의뢰에 의해 시작되므로 의뢰인과 장학요원의 최초의 만남은 의뢰인의 요구에 의해 이루어진다. 교사에게 의뢰가 들어오면 컨설팅 장학 관리자는 컨설팅 장학 관리자 회의를 소집해 의뢰 문제에 대한 예비 진단을 실시한다. 예비 진단 단계에서는 문제의 성격과 의뢰인의 의지에 따라 컨설팅 장학을 진행할 것인지 아니면 종료할 것인지 등을 미리 검토한다. 예비 진단이 끝나면 컨설팅 장학 관리자는 의뢰인의 문제를 가장 잘 해결할 수 있는 원내외 인사를 물색해 장학요원으로 위촉하고 의뢰인에게 배정한다. 의뢰인이 거부하지 않는다면 컨설팅 장학은 다음 단계로 진행된다.

둘째, 진단 단계에서는 장학요원의 주도로 문제의 진단, 진단에 필요한 자료 수집과 분석 등이 이루어진다. 문제 진단은 주로 의뢰인과의 대화를 통해 실행되지만 진단에 필요한 다양한 자료수집, 참여관찰, 심층면담 등을 통해서도 이루어진다. 자료수집이 끝나면 자료분석이 실행되며, 여기에서 나온 정보는 의뢰인에게 제공된다.

셋째, 진단 단계에서 정확한 진단이 실행되면 문제해결에 필요한 처방이 뒤따른다. 이것이 실행계획 수립이다. 이 단계에서는 문제해결에 필요한 다양하고 창의적인 대안이 개발되며, 개발된 대안 중 모의실험 등의 평가를 통해 결정된 최종안이 의뢰인에게 제안된다. 대안을 제안하는 단계에서 컨설팅 장학이 종료될 수도 있다.

넷째, 대안 실행 단계에서는 의뢰인이 장학요원으로부터 제안받은 대안을 직접 실행에 옮긴다. 사전 약속에 의해 실행 단계에서도 장학요원이 의뢰인을 도와줄 수 있다. 즉, 장학요원은 의뢰인의 문제해결 과정에도 도움을 줄 뿐 아니라 그 과정을 모니터링하여 결과를 의뢰인에게 제공할 수 있다.

다섯째, 종료 단계에서는 컨설팅 장학의 전체 과정을 통해 의뢰인의 문제가 해결되었는지에 대한 평가가 이루어진다. 물론 평가 기준은 사전에 약속되어 있어야 한다. 이 평가는 주로 장학요원에 의해 실행되며 의뢰인이 결과에 대해 만족하면 장학은 종료된다. 이 보고서는 사전 협약에 의해 작성되며 컨설팅 장학 수행 과정에 대한 보고서, 의뢰인에 대한 제안 보고서 등을 포함한다. 장학요원은 종료된 컨설팅 장학의 산출물과 장학요원 개인의 진행 일지, 노하우를 별도로 기록할 수 있다.

8. 유 형

1) 운영 범위에 따른 구분

컨설팅 장학은 관리자를 어디에 두느냐에 따라 원내 컨설팅 장학, 소지구 컨설팅 장학, 대지구 컨설팅 장학으로 유형화될 수 있다.

(1) 원내 컨설팅 장학

원내 컨설팅 장학은 주로 원 안에서 동료교사가 장학요원으로 배정되어 의뢰교사에게 도움을 주는 형태이다. 이 장학은 각 영역의 전문성을 갖춘 교사들을 얼마나 확보하느냐가 관건인데 다른 어느 유형보다 쉽게 실행에 옮길 수 있는 장점을 지닌다. 그러나 소규모 원의 경우 어려움을 겪을 수 있다.

(2) 소지구 컨설팅 장학

이것은 인근 원이 협정을 체결해 공동으로 컨설팅 장학을 실시하는 방식이다. 이 유형은 원내 컨설팅 장학의 단점인 장학요원 확보의 한계와 독립성 확보의 어려움을 다소 극복할 수 있으나 의뢰인이 필요할 때 쉽게 활용하기 어렵고 장학요원이 확보되지 않으면 당장 실행되기 어렵다는 한계를 지닌다. 또 장학요원의 근무부담 가중이 가장 큰 어려움이다.

(3) 대지구 컨설팅 장학

지역교육청 단위 혹은 시도교육청 단위로 장학요원 인력을 확보해 실시하는 방식이다. 대지구 컨설팅 장학은 장학요원 인력을 충분히 확보할 수 있고 우수사례를 쉽게 발굴하고 보급할 수 있다는 장점을 지닌다. 그러나 컨설팅 장학 관리조직을 구축하고 이를 운영하는 데 교육청이 주도권을 행사할 가능성이 크고 그로 인해 장학을 의뢰할 교사들에게 부담감을 주어 자발성과 독립성 원리를 훼손할 위험이 있다.

2) 운영 방법에 따른 구분

(1) 진단형 컨설팅 장학

의뢰 교사의 문제나 필요를 진단하고 확인하는 방식의 컨설팅 장학이다. 진단의 목적은 의뢰인이 당면하고 있는 문제와 추구하는 목적을 깊이 있게 조사하고 문제에 영향을 미치는 요인과 영향력을 확인하며 문제해결의 방향을 결정하는 데 필요한 모든 정보들을 수집하여 제시하는 데 있다.

(2) 대안 수립형 컨설팅 장학

이것은 진단된 문제에 대한 해결방안들을 개발하고 그 가운데 최적의 대안을 선택하여 의뢰인에게 제시하는 방식의 컨설팅 장학이다. 대안 수립의 핵심은 해결해야 할 문제에 관한 자료를 수집하는 데 있지 않고 새로운 무엇인가를 창출하는 데 있기 때문에 장학요원에게는 분석능력보다 고도의 창의성이 요구된다.

(3) 해결과정 지원형 컨설팅 장학

이것은 수립된 대안을 중심으로 의뢰인이 문제를 해결하도록 돕는 방식의 컨설팅 장학이다. 해결방안을 완벽하게 구안하더라도 실행과정에서 언제나 예상치 못한 문제와 장애물이 등장하기 때문에 컨설팅 장학요원은 실행을 위한 적절한 시나리오를 작성해 절차를 구체화하고 의뢰인 스스로 문제를 해결할 수 있도록 적극 지원해야 한다.

(4) 교육·훈련형 컨설팅 장학(한국보육진흥원)

이것은 강의, 세미나, 워크숍 등을 통해 의뢰인들에게 문제해결에 필요한 지식, 기술, 정보 등을 제공하는 방식의 컨설팅 장학이다. 교육·훈련은 컨설팅 장학을 수행하는 과정에서 의뢰인의 지식과 기술 습득이 문제해결에 중요한 요인이라고 판단될 경우 시행되는 활동이지만 의뢰인과의 협의에 의해 별도의 컨설팅 장학으로 진행될 수도 있다.

9. 자율관리 실천 지원을 위한 맞춤형 컨설팅

2025년 어린이집 자율관리 안내서(한국보육진흥원, 2025)의 내용을 중심으로 소개하였다.

- 개념 : 보육교직원이 진단도구를 활용하여 조직진단 실시 후 어린이집 개선과제 및 개선활동을 도출 실행 시 전문 컨설턴트의 맞춤형 컨설팅 지원
- 대상 : 자율관리 참여기관 중 컨설팅 희망 기관
- 시기 : 연중 상시
- 방법 : 어린이집 자율관리 홈페이지에서 신청

진행절차

| 자율관리 컨설팅 흐름도(안) |

과정	진행일정	어린이집	한국보육진흥원
컨설팅 신청	상시 신청	• 자체조직진단 실시 • 컨설팅 일정 확인 및 신청	• 신청 어린이집 관리
사전 준비	(M-1)월	• 조직진단 실시 및 결과 확인 • 사전요청서 제출	• 컨설팅 참여 일정 문자 안내
❶ 사전 컨설팅 (그룹, 비대면)	(M-1)월	• 사전컨설팅 참여 • 진행일정 및 준비사항 파악 • 기관 요청사항 논의	• 자율관리 컨설팅 소개 • 진행일정 및 준비사항 안내 • 어린이집 요청사항 파악
❷ 방문 컨설팅 (1:1, 대면)	M월	• 진단 결과 공유 • 단기 개선과제 및 개선행동 논의도출	• 진단결과 수집·확인 • 어린이집 요구사항 및 현황파악 • 단기 개선과제 및 개선행동 논의·도출 • 개선과제 관련 워크숍 등 실시
중간 점검 (1:1, 유선)	(M+1)월	• 개선과제·행동 이행 여부 자체점검 및 공유 • 개선 중 궁금한 점 등 질의응답 실시	• 개선과제·행동 이행여부 모니터링 • 질의응답 등 기타 필요사항 지원
❸ 사후 컨설팅 (1:1, 대면)	(M+2)월	• 개선과제 및 개선행동 점검·보완 • 교육 및 정보 확인	• 개선과제·행동 이행여부 모니터링 • 중장기 개선과제 및 개선행동 논의·도출 • 결과보고서 작성 안내 등
과정종료	(M+2)월	• 만족도 조사 제출 • 수료확인서 발급	• 컨설팅보고서 작성 및 검토 • 수료확인서 발급

사례 1

어린이집의 보육철학이 실마리였어요!

우리 어린이집은 자연 친화 및 생태교육, 유기농 식자재 사용 등
자연과 함께하는 것을 강조하는 가정 어린이집입니다.

원장이 되어 올해 처음 어린이집을 운영하다보니
보육철학에 대한 생각은 어렴풋이 있었지만
우리 어린이집만의 독특한 색깔이 없는 것 같고,
충분히 생각하지 못했다고 느꼈어요.
그러다 보니 교사들과 공유가 잘 이루어졌는지,
교사가 영아와의 상호작용에
원장의 철학을 반영할 수 있었는지 고민이 되었어요.

이때, 'STEP+ 진단'을 통해
우리 어린이집만의 보육철학을 다시 수립해야겠다는 생각이 들었어요.
보육철학을 잘 이해하고, 이를 반영한 상호작용을 하기 위해서는
원장과 교사가 함께 수립하는 것이 좋을 것 같았어요!
그래서 교사들과 몇 번의 토의를 거쳐 보육철학을 다시 수립했고,
교사들도 실제 놀이와 활동 계획 수립부터 실행에까지 이를 반영하려 노력했답니다!

보육 철학에 대한 고민 > 보육 철학 재정립 > 보육 철학 공유

결과적으로 공유가치부터 조직 내 소통, 상호작용까지
연계가 잘 이루어지다 보니 전반적인 영역이 개선되었습니다!

우리 어린이집만의 고유한 가치를 정립하고 교사들과 공유하고 나니
입소 상담을 온 부모에게 우리 어린이집만의 특징을 잘 설명할 수 있었고,
부모가 더 잘 이해하는 느낌이 들었어요.
이 과정에서 원장과 교사 간에 사이도 더욱 돈독해졌고,
교사의 역량도 더 성장한 것 같습니다!

앞으로는 우리 어린이집의 운영방침 수립 및 연간 행사, 전반적인 보육계획 등
어린이집 운영의 모든 곳에 이를 반영할 일이 남았다고 생각됩니다.

짧게는 내년의 밑그림을,
장기적으로는 우리 어린이집의 탄탄한 앞날을 그리는데
꼭 필요한 과정이라 생각되어서
지금처럼 교사들과 논의하며
우리 어린이집만의 색을 입히는데 주력할 예정이랍니다!

사례 2

보육일지를 제때 작성 못해서 업무가 계속 밀려요!

우리 어린이집은 아파트 단지 내 위치한 관리동 민간 어린이집입니다.
13년 동안 잘 운영해오고 있었는데
최근에 신입교사의 비율이 높아지면서 업무처리 시간도 오래 걸리고
보육일지 같은 기본 서류 작업도 힘들어하면서 점점 밀리게 되더라구요.

매일 기록하는 보육일지가 밀리는 건 안된다고 생각해서
"어떻게 하면 우리 선생님들이 보육일지를 밀리지 않고, 잘 작성할 수 있을까?"
고민하게 되었고 저희는 기적같이 답을 찾았습니다!

바로 STEP+ 진단을 통해서 우리 어린이집은
직무역량의 개발 영역에서 우리의 개선과제를 찾았어요!
그래서 1차 목표 '근무 시간 중에 보육일지를 매일 작성하고 퇴근하기'로 선정했습니다.

처음에는 지켜지지 않았는데
3주차에 목표행동을 변경한 후부터 모두 책임감이 생겨서 잘 실천했고,
매일 보육일지를 작성하는 것이 습관화되었답니다.
저 또한 주 1회 보육일지를 주기적으로 점검하면서 교사들의 1차 목표를
달성하도록 지원하였습니다!

이후 교사 회의를 통해서
2차 목표를 <보육일과 및 놀이활동 평가 작성>으로 수정했는데
교사들이 너무 어렵게 생각하고 막막해했어요.
그래서 육아종합지원센터에서 [보육일지 교육]을 받고
한국보육진흥원의 컨설팅에도 참여하면서
어려움을 극복할 수 있었어요!

이 실천을 통해 교사들은
보육일지를 왜, 매일, 무엇을 작성해야 하는지 알게 되었고,
아이들의 놀이까지 변화하는 것을 보고
그 중요성을 다시 한번 알게 되었다고 합니다!

앞으로도 교사회의를 통해 서로 보육일지 작성 내용을 공유하고 피드백 주면서,
전문성 증진에 지속적인 노력을 하겠습니다!

사례 3

신박한 정리로 쾌적한 업무 환경이 되었어요!

우리 어린이집은 국공립 어린이집으로
영유아가 생활하기에 적절한 보육실 환경을 갖고 있지만
그 외 여유 공간이 전혀 없어서 자료를 보관하는데 어려움이 많았어요.
교사들은 영유아의 관심과 흥미에 따라 다양한 놀잇감과 재료를 제공하고 싶어도
보관에 대한 고민을 하느라 교체가 잘 이루어지지 않는 경우도 종종 있었지요.

우리 어린이집은 STEP+ 진단을 통해 '업무지원 환경'의 개선이 필요했습니다.
특히 "업무 시공간의 주기적 점검과 개선"이 요구되었어요
개선 방향에 대해 교사들과 논의하며 자료실을 점검하였어요.

자료실에는 자주 사용하지 않는 큰 놀잇감이나 비품이 가~득 차 있었고,
자료장 상단에는 서류나 놀잇감이 분류되어 있었지만
해당 연령과는 관련 없는 서류, 놀잇감인 경우가 많았답니다.
이를 계기로 교사들과 자료실을 체계적으로 정리할 방법을 생각했답니다!

- 자주 사용하는 놀잇감/ 행사용품 분류
- 투명 박스 활용/ 체계적인 분류
- 놀잇감 구입 및 교체 계획 관리

자료실에서 가장 큰 자리를 차지하던 큰 놀잇감과 비품들...
자주 사용하지 않는 행사용품 등을 분류하여
화장실 옆 공간에 정리하고,
투명 박스를 마련하여 놀잇감을 체계적으로 분류하여 정리했더니
자료실에 공간이 남게 되었어요.

여유가 생긴 자료실에서 놀잇감이나 비품을 쉽게 찾을 수 있게 되면서
교사들의 이동 동선이 짧아져
시간도 아끼게 되었답니다!
그리고 교사들은 다양한 놀잇감 교체와 구입 계획을 세우게 되었고,
원장인 저도 적극 검토하고 구입하면서
놀잇감도 원활히 교체되고 있어요~

평가 단계에서 다시 한번 더 STEP⁺ 진단을 했는데,
개선을 위해 노력한 영역과 더불어 관련 영역까지 이전에 비해 높은 점수를 받았어요.
자료 보관 공간을 개선하고 관리 체계를 바꿨던 부분이
교사들의 놀이 지원 역량에도 많은 도움이 된 것 같아요.

교사들은 공간의 문제는 해결할 수 없는 부분이라고 생각했는데
자료보관 공간을 스스로 개선하였다는 성취감을 가지게 되어 좋은 시간이었습니다.
앞으로도 교사들과 놀이자료 제공 관리, 실행에 대해 공유하고
학습공동체로 운영되면 좋겠다고 생각하면서 계획하려고 합니다!

사례 4

다양한 복지 제공을 통해 보육교직원 업무 스트레스가 해소되었어요!

경력이 많은 교사와 신입 교사가 고르게 재직 중인 직장어린이집입니다.

경력직 교사들의 노하우와
신입 교사들의 에너지가 시너지를 만들며
우수한 보육 프로그램을 제공하고 있다는 자부심이 있어요.

그런데, 당직근무나 야근도 자주하고,
열정적으로 아이들과 하루일과를 보내고 있는 선생님들이
많이 지치셨구나..... 느껴질 때가 있습니다.

여태껏 어린이집을 열심히 운영하는 것에만 신경 썼는데,
지금 돌이켜보니 선생님들을 못 챙기고 있었던 것 같아요.

그러던 중, STEP+ 진단을 통해 우리 어린이집의 복지 증진이 필요하겠다는 생각을 했어요.
우선, 선생님들이 원하는 복지와 현실적인 제공방법에 대해
같이 논의해보는 시간을 가졌어요.

업무에서 잠시라도 벗어나서 쉬어가는 시간을 갖고 싶다는 의견,
매일 제공되는 휴게시간을 편안하게 사용하고 싶다는 의견,
선생님들끼리 친목과 단합의 시간을 가지고 싶다는 의견 등
선생님들이 원하는 복지에 대한 의견을 나누고 개선할 사항을 구체화했어요.

실천하기 쉬운 것부터 바로 개선하여 휴게시간 동안 바깥 산책을 할 수 있도록 하고,
교사실에 커피머신, 쿠션 등을 두고 휴식할 수 있는 공간도 마련하였어요.

또한 선생님들의 일정을 나누어 힐링 프로그램에도 참여해보기로 했어요.
한국보육진흥원에서 진행하는 '마음성장 프로젝트'나,
다른 지역으로 떠날 수 있는 여행 프로그램을 이용해 보았어요..

이런 작은 변화가 선생님들의 소진된 체력과 마음 회복에 도움이 될지 궁금했는데,
시간이 지나며 선생님들의 표정이 점차 달라지기 시작했고,
더불어 우리 어린이집의 분위기도 점차 밝아지는게 느껴졌어요.

앞으로도 어린이집 내 복지 증진을 위해 지속할 수 있는 부분들에 대해 의견을 나누며
우리 어린이집의 복지 증진에 더욱 노력할 생각입니다^^

우수사례는 한국보육진흥원(2024)의 2024 어린이집 자율관리 우수사례집에서 수상한 예시를 활용하였다.

우수사례 1

자율관리 기반 어린이집 자체 질 관리 개선 및 실천 사례

최우수상

부문1

함께 흐르기 시작한 고인물

시립오성어린이집

1. 개요

- 필요성 및 목적

2019년에 개정된 누리과정이 시행되면서, 유아가 중심이 되고 놀이가 살아 숨 쉬는 놀이중심 교육과정이 시작된 지 벌써 5년이 되어간다. 많은 곳에서 놀이중심 교육의 중요성을 강조하며 다양한 교육자료, 제공물, 놀잇감 등을 소개하고 있지만, 현장에서 아이들과 함께하는 우리에게는 여전히 새롭고 낯설기만 했다.

우리 원에는 10년 이상 경력의 선생님들이 대부분이다. 대부분의 교사들이 개정 전의 교사 주도형 교육 방식을 경험한 이들이라, 놀이중심 교육과정을 받아들이는 데 있어 어려움을 느꼈던 게 사실이다. 새로운 교육과 발간물을 통해 연구하고 현장에서 실천하려 해도, 기존의 틀에서 크게 벗어나지 못하는 한계를 자주 느끼게 되었다.

그러던 중, 특히 신입 원아가 많고 발달 지연 증상이 있는 아이들이 여러 명 있었던 3세 반 교사의 노력은 큰 자극이 되었다. 이 교사는 익숙한 방식에서 벗어나 아이들에게 맞춘 놀이중심 활동을 꾸준히 시도했고, 그 모습은 기존에 익숙한 방식에 머물렀던 우리 모두에게 큰 동기부여가 되었다.

이를 계기로 우리 교사들은 함께 모여 고민을 나누고, 교육과정을 어떻게 이끌어나갈지에 대해 소통할 수 있었다. 이렇게 교사 개개인의 노력을 넘어서, 전체가 시대의 흐름에 맞춰 유연하게 변화해 나갈 수 있는 길을 찾기 위한 여정을 시작하게 되었다.

- 실시기간 : 2024년 5월 ~ 2024년 10월

- 대상 : 영유아(1세 ~ 5세), 교사, 부모

● 추진과정

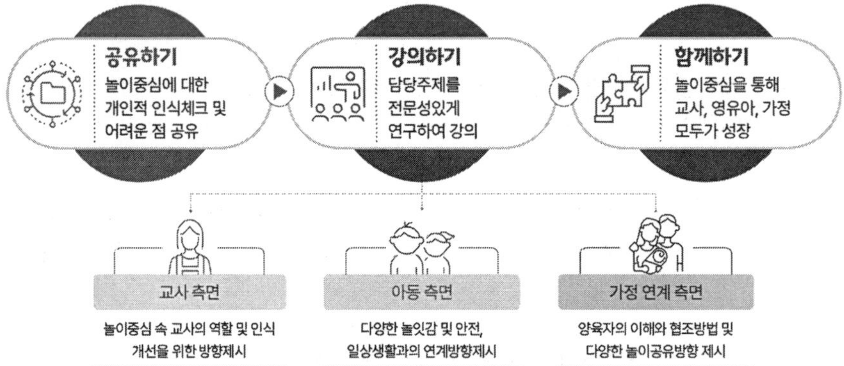

본원에서는 교직원들이 함께 모여 놀이중심 교육에 대한 개인적인 인식을 점검하고 어려운 점을 먼저 공유하였다. 이후 각자가 담당할 주제를 나누어 전문적으로 연구하고, 강의를 통해 서로에게 도움을 주었다. 또한 이를 토대로 다양한 측면에서 놀이중심 교육과정을 구체적으로 실행하고 적용할 수 있었으며, 평가 과정을 통해 지속적인 성장을 위한 향후 계획도 세울 수 있었다.

2. 세부 내용

● 실천 내용

1. 고인물에 돌 던지기 (계획단계)

교사 간 교류와 체크리스트를 통해 교육의 필요성을 객관적으로 파악한 후, 각자가 한 분야의 전문가가 되어 동료에게 알려주고 함께 실천하자는 의견이 모아졌다. 이에 체크리스트로 부족한 부분을 확인하고, 교사 측면, 영유아 측면, 가정 연계 측면으로 나누어 발표와 공유를 통해 학습할 수 있도록 하였다.

★ 교사의 언어사용

관찰 항목과 요소	확인 여부 (O,X)	비고 (자기반성)
▸ 유아의 사고를 촉진하는 언어를 사용하는가?	O	개방형 질문
▸ 유아의 지식, 경험, 능력, 활동내용에 따라 다양한 수준의 질문을 사용하는가?	O	천천히 말하기, 쉬운 단어 사용
▸ 유아의 다양한 반응을 이끌어내기 위하여 개방적 질문 및 폐쇄적 질문을 적절하게 사용하는가?	O	
▸ 유아의 창의적인 표현을 인정하고 격려하는가?	O	
▸ 유아의 활동 전반에 걸쳐 구체적인 피드백을 제공하는가?	O	
▸ 언어적 피드백과 비언어적 피드백(얼굴표정, 몸동작, 손짓, 머리 끄덕이기 등)을 상황에 따라 적절하게 사용하는가?	O	
▸ 유아를 칭찬하고 격려하는가?	O	

2. 고인물을 흘려보낼 방법 찾기 (실행단계)

1회차 : 지난 주제 적용 점 공유 및 새 주제에 대한 궁금증 파악하기

STEP1
어려움 공유

지난 주제에 대한 교사별 적용 점을 공유하며 잘된 점과 보완할 점에 대해 조언하고 개선하는 시간을 가졌다. 또한, 이번 달 새로운 주제에 대해 궁금하거나 실행하기 어려운 부분을 발표자에게 미리 전달해 실용적인 발표가 이루어지도록 하였다. 이러한 모임을 통해 교사들이 가장 어려워하는 부분을 요약하고 이를 바탕으로 놀이 연구 주제가 선정되었다.

매일의 놀이를 알림장으로 전달하다보면 그냥 단순히 놀이만 하는걸로 알고계시는 것 같아요. 어떻게하면 놀이중심의 목적을 알릴 수 있을까요?

놀이집중 시 기본생활 및 일상생활(손씻기, 급간식, 정리정돈 등)로 넘어가야 할 때에 자연스럽게 끊는 방법이 무엇이 있을까요?

놀이 시 안전에 대한 허용을 늘리는게 어려워요. 원에서는 안전한 범위가 있지만 이러한 경험이 축적되다 외부에서도 그럴까 걱정이에요

아이들의 놀이속도에 맞춰 환경을 제공해 주는게 어려울 때가 있어요. 또한 교사의 지원 범위는 어디까지여야 할까요?

3세	16명	<우리반의 특성> - 유아로 넘어가는 시기인 만큼 발달의 차이가 양극성을 띄고 있음. <고민, 궁금한 점, 질문 등> - 놀이허용의 범위를 어디까지 선을 그어야하는지 의문이 들 때가 많습니다. 안전에 관해서는 당연히 제한을 두지만 그 안전안에서도 대체로 풀릴 수 있는 방법이 있으나 그 또한 그게 가능하다 여겨지면 원내에서만이 아닌 다른 곳에서도 무모하게 도전을 하거나 요구를 할까 고민이 됩니다. (예를 들어 책상을 뒤집어서 활동하는 등의 제 용도와 다르게 활동에 쓰일 때) - 놀이의 속도가 매일이 다른데 일지를 작성할 때에 적용할 수 있는 좋은 팁이 있을까요?
		<우리반의 특성> - 교사의 행동과 하는 말에 관심이 많아 새로운 놀잇감을 가지고 오거나 무언가를 조작하고 있으면 흥미를 가지고 함께 놀이하자고 말한다. - 신체를 활발하게 움직이는 놀이와 리듬감이 있는 낱말이나 노래를 좋아한다. <고민, 궁금한 점, 질문 등> - 놀이와 교사에게 관심이 많은 유아들은 놀이에 적극적으로 참여하지만 소수의 유아들은 항상 놀이하는 것만 반복

2회차 : 발표 자료 준비하기 (해결점 및 교사들이 적용할 수 있는 팁 알아보기)

STEP2
자료준비

전문 서적, 논문, 블로그/SNS 자료 등을 이용하여 주제에 맞는 자료를 모아 PPT를 이용하여 발표 자료를 준비하고 원 실정에 맞게 교사들이 적용할 수 있는 체크리스트, 꿀팁 등으로 자료를 마련하여 실질적인 도움이 될 수 있도록 한다.

3회차 : 함께 모여 강의하기

STEP3
강의

같은 주제를 영아와 유아로 나누어 조사하고 발표하며, 각 교사는 담당 연령에 적용점을 찾아본다. 또한, 모임 가운데 원장님이 멘토가 되어 놀이중심 교육과정에서의 교사 고충을 나누고 멘토링을 통해 개선점을 모색하는 시간을 갖는다.

분야	2차 모임 : 발표 1. 교사 측면 **놀이 환경과 상호작용**	3차 모임 : 발표 2. 아동 측면 **일상생활과 놀이**	**4차 모임** : 발표 3. 가정 연계 측면 **놀이 속 가정 협력**
발표자	만 1세 박00 교사 / 만 5세 서00 교사	만 2세 이00 교사 / 만 4세 권00 교사	만 2세 이00 원감 / 만 3세 전00 주임

4회차 : 각 반에서는 적용점을 기준으로 실행해 보기

STEP4
적용점 실행

회차별로 원 자체 서식을 활용하여 적용점(사진+기록), 적용 후 상황을 기록하고 다음 소모임 시 교사들 간 나눔이 이루어졌다.

★ 적용점 기록하기

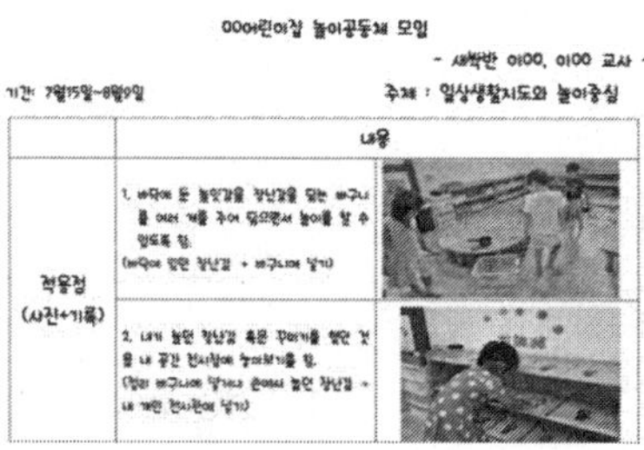

OO어린이집 놀이공동체 모임

- 새싹반 이OO, 이OO 교사 -

기간: 7월15일~8월9일　　주제 : 일상생활지도와 놀이중심

	내용	
적용점 (사진+기록)	1. 바닥에 둔 놀잇감을 장난감을 담는 바구니를 여러 개를 주어 담으면서 놀이를 할 수 있도록 함. (바닥에 있던 장난감 + 바구니에 담기)	
	2. 내가 놀던 장난감 혹은 꾸미기를 했던 것을 내 공간 전시함에 놓아보기를 함. (정리 바구니에 담거나 손에서 놀던 장난감 + 내 개인 전시판에 넣기)	

★ 의견 나누기

3. 고인물이 흐를 수 있는 길을 터주기 (전문가와의 만남)

교사들이 자체 학습으로 해결하지 못한 부분은 지역 육아종합지원센터의 도움을 받아 전문가를 초대해 조언을 구하고자 하였다. 필요한 사항들을 미리 논의하여 항목을 정하고 이를 전문가와 공유한 뒤, 모임을 통해 다양한 경험과 노하우를 듣고 각자가 현장에 적용할 수 있도록 하였다. 이를 통해 다양한 생각의 변화가 생겼다.

★ 전문가와의 만남

★ 적용점과 생각의 변화

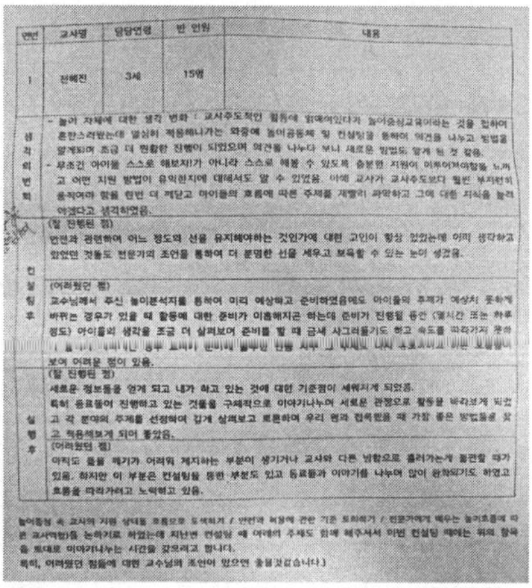

연번	교사명	담당연령	반 인원	내용
1	신혜진	3세	15명	
생각의 변화	- 놀이 자체에 대한 생각 변화 : 교사주도적인 활동에 익숙해있다가 놀이중심교육이라는 것을 접하여 혼란스러웠는데 열심히 적용해나가는 과정에 놀이공동체 및 컨설팅을 통하여 의견을 나누고 방법을 알게되어 조금 더 원활한 진행이 되었으며 의견을 나누다 보니 새로운 방법도 알게 된 것 같음. - 무조건 아이들 스스로 해보자가 아니라 스스로 해볼 수 있도록 충분한 지원이 이루어져야함을 느끼고 어떤 지원 방법이 유익한지에 대해서도 알 수 있었음. 이에 교사가 교사주도보다 훨씬 부지런히 움직여야 함을 한번 더 깨닫고 아이들의 흐름에 따른 주제를 재빨리 파악하고 그에 대한 지식을 늘려야겠다고 생각하였음.			
컨설팅 후	(잘 진행된 점) 안전과 관련하여 어느 정도의 선을 유지해야하는 것인가에 대한 고민이 항상 있었는데 이미 생각하고 있었던 것들도 전문가의 조언을 통하여 더 분명한 선을 세우고 보육할 수 있는 눈이 생겼음.			
	(어려웠던 점) 교수님께서 주신 놀이분석지를 통하여 미리 예상하고 준비하였음에도 아이들의 주제가 예상치 못하게 바뀌는 경우가 있을 때 활동에 대한 준비가 미흡해지곤 하는데 준비가 진행될 동안 (몇시간 또는 하루 정도) 아이들의 생각을 조금 더 살펴보며 준비를 할 때 금새 사그러들기도 하고 속도를 따라가지 못하 [illegible] 보여 어려운 점이 있음.			
실행 후	(잘 진행된 점) 새로운 정보들을 얻게 되고 내가 하고 있는 것에 대한 기준점이 세워지게 되었음. 특히 동료들이 진행하고 있는 것들을 구체적으로 이야기나누며 새로운 관점으로 활동을 바라보게 되었고 각 분야의 주제를 선정하여 깊게 살펴보고 토론하며 우리 원과 접목했을 때 가장 좋은 방법들을 찾고 적용해보게 되어 좋았음.			
	(어려웠던 점) 아직도 틀을 깨기가 어려워 제지하는 부분이 생기거나 교사와 다른 방향으로 흘러가는게 불편할 때가 있음. 하지만 이 부분은 컨설팅을 통한 부분도 있고 동료들과 이야기를 나누며 많이 완화되기도 하였고 흐름을 따라가려고 노력하고 있음.			

놀이중심 속 교사의 지원 상태를 객관적으로 도식하기 / 안전과 허용에 관한 기준 토의하기 / 전문가에게 배우는 놀이흐름에 따른 교사역할)을 논하기로 하였는데 지난번 컨설팅 때 여러의 주제도 함께 해주셔서 이번 컨설팅 때에는 위의 항목을 토대로 이야기나누는 시간을 갖으려고 합니다.
특히, 어려웠던 점들에 대한 교수님의 조언이 있으면 좋을것같습니다.)

3. 결과

결과 및 평가

1) 강의를 통한 적용 및 확장으로 교사와 아동의 동반성장을 이루었다. 구체적인 예로 놀이환경과 상호작용, 일상생활 연계 측면에서 많은 변화가 생겼다.

예1) 놀이환경

6월의 적용점

1. 실외놀이와 연계하여 진행하기
2. 주제 놀이에 관심을 보이지 않아도 존중해주기
3. 환경 체크리스트 주 1회씩 적용해보기
   1)비정형화된 놀잇감 제공
   2)자연물 활용
   3)종이가 주는 무한한 가능성 발견

① 실외 놀이와 연계하여 진행하기

② 관심 없는 아동 존중

③ 비정형화된 놀잇감 제공

예2) 상호작용

상호작용 시청 및 장학

❶ "뭐 만드는 거야?"에서 "어떻게 만든 거야?"로 질문을 바꿔 아이들이 구체적으로 설명할 수 있게 유도함.

❷ 습관적으로 놀이에 개입하지 않고, 사실적 설명 대신 "어떻게 움직일 것 같아?"와 같은 개방적 질문으로 사고 확장을 유도함.

❸ 단순 언어적 상호작용 대신 노래와 비언어적 상호작용을 활용하여 아이들의 피드백이 활발해지고, 영아는 언어 표현이 향상됨

예3) 일상생활 연계

◎ 놀이가 진행되는 중간 정리해야 할 상황에서는 어떻게 해야 할까?

❶ 장난감을 담아 이동하는 바구니를 여러 개 배치하여 카트처럼 끌고 정리할 수 있도록 하자 정리도 놀이처럼 인식하여 즐겁게 함.

❷ 만든 것을 정리하고 싶지 않은 아이의 생각을 반영하여 개인 전시장을 마련하여 작품을 전시하는 식으로 정리 방향을 바꾸었더니 훨씬 빠르게 정리가 가능해짐.

❸ 문제점 발현 : 바구니를 끄는 것에만 흥미를 느껴 정리가 되지 않자, 끈을 매달아 물건을 담는 카트로 인식할 수 있도록 변화시킴.

2) 가정의 적극적인 참여를 통해 놀이에 대한 이해가 높아졌으며 놀이를 통한 아동과 부모 사이의 긍정적인 관계 형성에 도움이 되었다.

만 5세 놀이 이야기 카드뉴스

가정 연계 놀이콘테스트 안내지

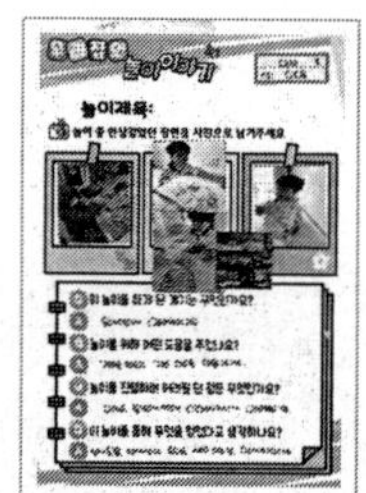
가정 연계 놀이콘테스트 결과지

● 향후 계획 및 활성화 방안

1. 정기적인 교사 회의를 통하여 각 반의 놀이 상황 및 어려움 공유 후 다양한 의견제시
2. 비구조적 자료들에 대한 이해도를 높이기 위하여 보유하고 있는 비구조적 자료를 연령별로 활용 후 상황공유 및 연령별 사용 특징 파악하여 각 반에 적용해 보기
3. 가정과 꾸준한 연계 방법을 연구하고 놀이재료지원, 놀이콘테스트, 일일 놀이 체험 등을 확대하여 다양한 경험 제공하기

" 함께 모여 힘을 보태니 어느새 우리는 고인물이 아닌 흐르는 물이 되어 있었다. "

우수사례 2

자율관리 기반 어린이집 자체 질 관리 개선 및 실천 사례

우수상 부문1

『유연한 중심잡기』 학습공동체를 통한 보육과정운영 실천 사례

ADD아이뜰어린이집(학습공동체)

1. 개요

● 필요성 및 목적

4차 표준보육과정의 슬로건은'영유아 중심, 놀이 중심'으로 이는 보육 기관에 새로운 변화를 가져왔다. 계획을 기초로 교사 주도적 놀이에서 영유아의 흥미와 관심이 잘 반영된 놀이 계획과 실행의 중요성이 커졌다. 이에 교사는 주의 깊은 관찰과 상호작용을 통해 영유아의 진정한 흥미와 관심사를 찾아 놀이가 이루어질 수 있도록 적극적으로 수용하고 지원하고자 했다. 영유아가 주도하는 창의적인 놀이가 활성화되기 위해 주제 선정, 놀이 방법, 놀이시간의 융통적 운영에 따라 교사의 자율성이 확대되었고 이에 자연스럽게 어려움을 느낀 교사들 사이에서 학습공동체에 대한 필요성이 대두되었다.

우리 원의 '학습공동체'는 영유아 중심, 놀이 중심을 실천하는 과정에서 교사가 느끼는 어려움과 고민을 공유하면서 시작된 어린이집 내 소모임 활동이다. 처음에는 그저 교사실에서 삼삼오오 모여 일과를 공유하며 고민을 토로하는 자리였으나 점차 경력 교사의 조언과 원장의 제안에 의해 함께 고민을 해결하는 과정을 거치게 되었다. 함께 토의하는 과정을 통해 꾸준히 배움의 길을 걷고, 현장에 적용하려 애쓰지만 종종 '진정한 놀이 중심, 아동 중심은 무엇일까?'라는 근본적인 고민이 지속되고 있음을 알 수 있었다.

놀이중심 현장에서 교사가 느끼는 고민

"영유아의 놀이에서 '진정한 흥미'를 잘 파악하고 있는지 의문이 들어요"

"놀이 주제를 어떤 기준으로 선정해야 할지 고민이 돼요"

"급변하는 아이들의 흥미에 교사가 끌려가는 느낌이 들어요"

"새로운 주제를 진행하지만 결국 이전 놀이와 비슷하게 진행돼요"

"큰 흐름 속 연계보다 그 순간의 놀이에만 초점이 맞춰진 것 같아 아쉬워요"

"아이들의 흥미를 반영하였는데도 놀이가 잘 이루어지고 있지 못한 거 같아요"

"아이들은 즐겁게 놀이하는데 저는 혼란스럽기만 해요. 잘하고 있는 걸까요? 지금 우리 반은 어디로 흘러가고 있는 걸까요?"

교사가 느끼는 공통적인 고민과 어려움을 해결하기 위해 「유연한 중심 잡기」 학습공동체가 구성되었고, 이를 통해 다음과 같이 보육과정이 운영될 수 있도록 하였다.

첫째, 주제 선정과 놀이 계획 시 유연한 윤곽을 세워 교사가 놀이 흐름을 통찰하는 가운데 영유아가 주도하는 진정한 놀이가 이루어지도록 한다.

놀이의 계획-실행-평가에서 교사는 각 단계별로 영유아의 흥미에 따라 놀이 흐름을 파악하고, 교사의 적극성이 영유아 주도의 놀이를 지원하는데 발현되어야 한다. 영유아의 흥미는 생물처럼 끊임없이 변화하기에 계획단계에서 대략적인 놀이 흐름을 세우고, 실행 과정에서 교사들 간 수시로 소통하여 영유아가 주도하는 놀이가 효과적으로 이루어질 수 있도록 해야 한다. 평가 단계에서는 교사가 놀이 흐름을 잘 파악하고 있었는지, 영유아의 주도적 놀이가 이루어졌는지 살펴보고 그 과정에서 교사들마다 경험한 어려움을 공유하고 다음 놀이에 반영한다면 더욱 단단한 영유아 중심의 놀이가 이루어질 것이다.

둘째, 「유연한 중심잡기」학습공동체를 통해 보다 질 높은 보육을 실천함에 따라 교사로서 역량 강화와 효능감을 향상 시킨다.

교사의 고민을 해결하기 위한 소통의 시간은 함께 개선 방법을 모색하고 생각과 지식을 공유하며 다양한 교수 학습 방법을 배우는 기회가 될 것이다. 또한 진정한 놀이를 펼치기 위해 창의적인 방법과 아이디어를 주고받는 과정은 교사가 놀이를 고민하고 연구하는 자세를 형성해 주며, 교사의 성장과 놀이의 질을 높이는데 기여할 것이다. 즉, 놀이중심 보육과정을 실행하는 과정에서 느끼는 혼란스러움을 극복하여 영유아를 이해하고 놀이의 본질을 꿰뚫는 전문성을 갖춘 교사로 성장할 수 있을 것이다.

- 실시기간 : 2024년 1월 ~ 현재 진행 중
- 대상 : 보육교사(1세 6명, 2세 5명, 3세 4명, 4세 3명, 5세 3명, 선임교사, 원장)
- 추진과정

사전작업으로 자발적 참여자를 모아 학습공동체를 구성했다. 놀이 실행의 어려움을 토의하는 과정에서 문제점을 발견한 후 유연한 중심잡기로 학습공동체를 명명했다. 이후 진행 과정은 [그림1]과 같다.

[그림1] 「유연한 중심잡기」 학습공동체 실행 구조

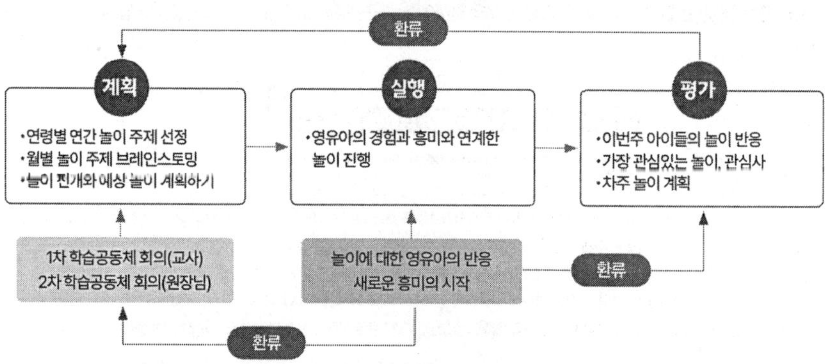

2. 세부 내용

● 「유연한 중심잡기」 학습공동체의 시작

자발적인 교사 학습공동체의 목표는 매 순간 변화하는 영유아의 흥미와 관심에 융통적이고 유연하게 대응할 수 있도록 기본적인 토대를 세우는 것이다. 세부 단계는 다음과 같다.

1) 국가 수준의 보육과정에서 제시하는 공통적이고 일반적인 기준을 포함하며 연령별, 시기별로 영유아가 경험할 수 있는 연간 예상되는 놀이 주제를 선정한다. 이때 주제는 큰 틀일 뿐, 세부 주제 또는 유사 주제로 진행될 수도 있고 실행하는 시기도 달라질 수 있다.
2) 영유아가 경험할 수 있는 내용을 예상하여 자유롭게 나열한다. (브레인스토밍)
3) 예상 경험 중 다룰 요소를 추출하고 우리 반 놀이의 흐름을 구성한다. (주제 전개)

● 「유연한 중심잡기」 학습공동체 전개 – 월간계획안

1) 기초를 탄탄하게!

기존에는 연간계획안을 바탕으로 주간계획안을 작성하였다. 영유아의 관심사에 맞춰 주제를 쉽게 변경할 수 있었으나 결국 영유아의 관심사는 직접적이든 간접적이든 영유아의 다양한 경험에서 시작됨을 알 수 있었다. 일 년의 시간을 되돌아보면 놀이의 흐름이 주제가 바뀔 때마다 단절됨을 느낄 수 있었고, 영유아의 흥미를 존중한다는 명목하에 계절의 변화와 같은 의미 있는 경험이 깊이 있게 다루어지지 못하거나 영유아의 흥미에서 놀이가 시작되더라도 이전 방식의 주제 흐름으로 놀이가 이어졌다.

영유아의 살아있는 흥미와 관심사를 유연하게 받아들이고 적용하기 위해서는 교사가 우리 반 아이들의 경험, 생각을 세심히 파악하고 이를 바탕으로 놀이를 준비해야 한다는 의견이 모였다. 또한 그 가운데 교사가 중심을 잡고 매 순간 놀이 흐름을 파악하는 것이 혼란을 방지할 수 있을 것임을 깨달을 수 있었다.

이에 기존체계의 연간계획안과 주간계획안을 연결해 주는 다리 역할이 되면서도 끊임없이 변화하는 교실 환경에서 중심을 잡고 영유아의 흥미를 반영할 수 있는 느슨한 월간계획안을 도입하였다. 이는 확정된 놀이가 아닌 영유아의 흥미에 따른 주제에서 예상되는 것을 살펴보는 '브레인스토밍', 우리 반 아이의 흥미와 연계하여 주차 별로 다룰 요소와 예상되는 주요 놀이 한두 가지를 계획해 보는'주제 전개' 흐름에 중점을 두었다. 유연한 뼈대를 세우되 꽉 채우지 않기를 통해 중심 잡기와 융통성을 극대화시키고자 하였다.

2) 우리는 모두 학습공동체!

새로운 체계의 도입은 교사에게도 적응의 과정이 필요했다. 평소 주간계획안에 영역별 놀이 활동을 기술했던 습관 때문인지 초기의 브레인스토밍은 '연상되는 아이디어'가 아닌 '할 수 있는 놀이'에 초점이 맞춰졌다. 주제 전개 역시 다룰 요소와 예상되는 놀이의 연계성이 부족했다.

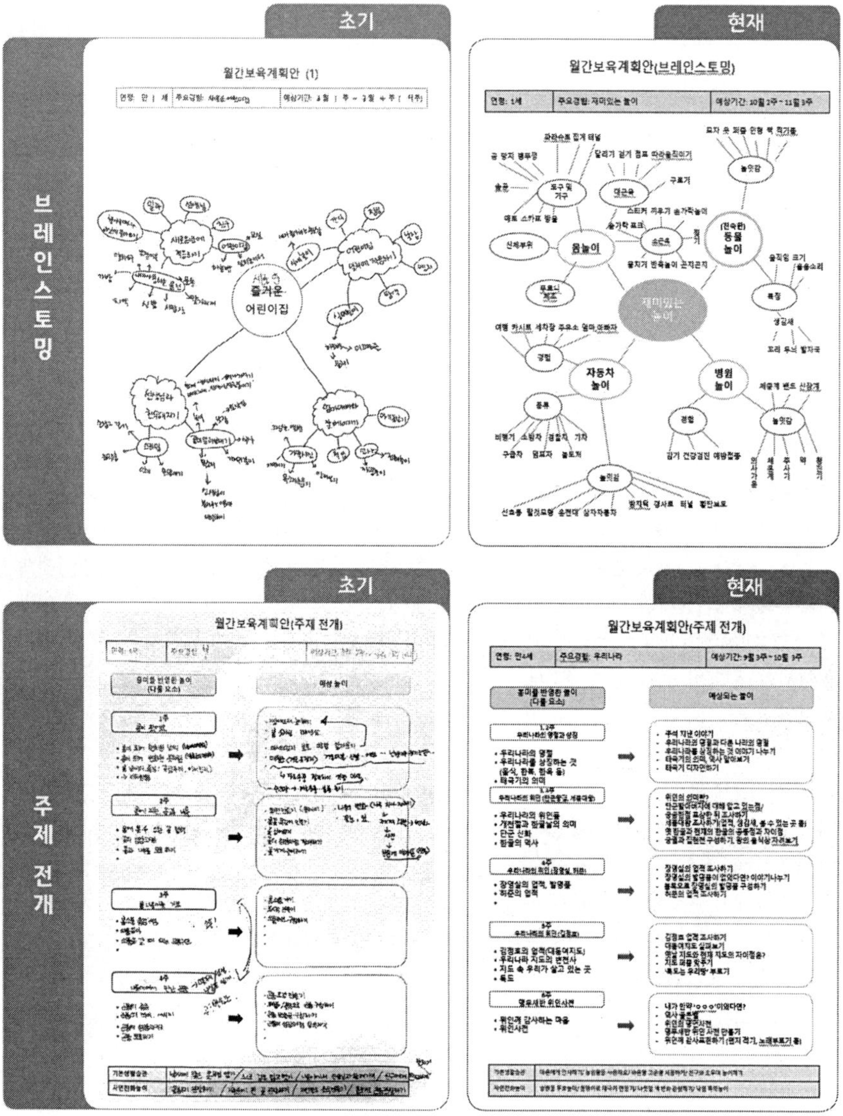

월간이라는 명칭을 사용했으나 주요 경험에 따라 전개 기간은 달라진다. 2~3주로 짧게 끝날 수도 있고 한 달 이상이 진행되기도 하였다. 월간계획안을 활용하는 것에 적응을 하면서 자연스럽게 학습공동체 모임은 두 그룹으로 나뉘어졌다. 1차 학습공동체의 그룹은 연령 소모임으로 교사들의 생각을 모으고, 각 반의 흥미와 놀이 상황을 소통하는 시간이다. 2차 학습공동체 그룹은 선임 교사, 원장과 함께 소통하는 시간이다. 놀이의 핵심과 생각의 전환, 각자 영유아가 되어 놀이의 흐름을 예상해 본 후 너무 많은 요소가 다루어졌을 땐 과감하게 지금, 현재 가져가야 할 것으로 가지치기하였다.

바쁜 일과 중 그룹 활동을 할애하는 게 쉽지 않은 일이었지만 그룹 활동의 긍정적인 효과는 확실하게 드러났다. 브레인스토밍과 주제 전개로 놀이를 계획하는 게 익숙해진 선생님들은 아이들의 상황에 맞게 필요한 내용들을 첨가하기 시작했다.

< 1세 월간계획안 주제 전개 내용 中 일부 >

주제	몸	자동차	동물	병원
어휘	흔들흔들, 데굴데굴, 쭉쭉, 꼼실꼼실, 꼼지락, 쟁쟁, 도리도리, 끄덕끄덕, 훨훨, 파닥파닥, 가우뚱, 쿵쿵, 넘실넘실, 들썩들썩, 비틀비틀, 성큼성큼, 펄쩍펄쩍, 후다닥, 꿈틀꿈틀, 으쓱으쓱	철컥, 씽씽, 삑삑, 뛰뛰빵빵, 물, 쌩쌩, 부릉, 딸칵, 빵빵, 깜빡, 위이잉, 칙, 쉬쉬쉬, 끼익, 덜컹	살금살금, 엉금엉금, 어흥, 음메, 멍멍, 야옹, 팩, 깡충깡충, 폴짝폴짝, 훨훨, 느릿느릿 스르륵스르륵, 꿀꿀, 다그닥다그닥 살랑살랑, 보들보들, 뾰족뾰족, 길쭉길쭉, 삐끔삐끔, 쫑긋, 아그작아그작	꾸르륵, 뻘뻘, 콜록 콜록, 지끈지끈, 어질어질, 따끔따끔, 욱신욱신, 벌벌, 꽉 당, 쿵쿵, 뜨끈뜨끈, 열이 펄펄, 꿀꺽(약)

1세 반 교사들이 '재미있는 놀이'를 주제로 의성어와 의태어의 다양한 어휘를 모은 결과물이다. 교사마다 사용하는 반복적 어휘의 한계를 발견하고는 각 주제마다 사용할 수 있는 어휘를 한데 모으기 시작했다. 더욱 풍부한 상호작용을 제공할 수 있었고, 영아도 새로운 어휘를 듣고 따라 말해보는 재미있는 경험을 하게 되면서 월간계획 시 어휘 모음을 추가하게 되었다.

< 5세 월간계획안 주제 전개 내용 中 일부 >

감정활동	조마조마한	찜찜한	후련한	원망스러운
자연친화놀이	나뭇잎 무지개	돌멩이 공기 놀이	낙엽 이불	이끼 관찰하기

5세 반에서는 또래 놀이가 활발해짐에 따라 기본생활습관처럼 감정 활동을 놀이 속에 녹여내고 싶어 했다. 교사들은 유아가 자신의 감정을 올바로 인식하고 표현할 수 있도록 '감정'을 알아보는 활동을 계획한 내용이다. 다양한 감정을 알아보고 자신의 감정 상태를 공유하는 활동은 일 년 동안 진행되며 중심이 되는 놀이 주제 안에서 또 다른 지속성을 가진 활동이다.

3. 결과

결과 및 평가

「유연한 중심잡기」 학습공동체는 영유아 중심, 놀이중심 보육과정을 운영하기 위해 자체적으로 결성되었다. 교사들 간의 협력에서 점차 선임 교사와 원장의 참여가 이루어지면서 지속될 수 있었다.

학습공동체를 통해 느슨한 월간보육계획(월간으로 표기하나 기간은 유연함)은 유연한 뼈대 세우기로 정의하게 되었다. 이는 언제든지 어떤 방향으로도 변화할 수 있는 유연성을 갖춘 동시에 교사가 그 중심에서 흔들리지 않고 융통적으로 영유아의 흥미를 반영하여 놀이를 지원해 주어야 함을 알 수 있었다. 유연한 뼈대를 세우되 꽉 채우지 않기를 통해 중심잡기와 융통성을 극대화시킬 수 있었고 이를 통해 교사의 자기 효능감도 자연스럽게 높아졌다.

영유아의 발달 수준과 사전경험, 흥미와 관심을 파악하려는 태도가 내면화되면서 선순환으로 계획과 실행은 끊임없이 변화하고 있는 중이다.

기대효과

1) 느슨한 월간계획안 작성의 효과

- 놀이를 계획할 때 영유아의 시선에서 바라보며 영유아가 경험한 것, 경험할 수 있는 것, 경험해야 할 것을 개념 정리할 수 있었다.
- 브레인스토밍과 주제 전개 도입으로 교사는 영유아의 흥미에 따라 놀이의 흐름을 융통적으로 반영할 수 있었다.
- 학습공동체에서 공유된 다양한 의견을 바탕으로 놀이를 더욱 풍부하게 지원하고 확장과 연계 활동을 사전에 구상해 볼 수 있었다.
- 놀이의 흐름과 방향성을 한눈에 파악하여 영유아의 주도적 놀이를 위한 지원을 할 수 있다.

2) 「유연한 중심잡기」 학습공동체를 통한 교사 주도의 수준 높은 놀이 운영

- 단순히 다양한 놀이를 계획하는 것이 아닌 해당 놀이 안에 어떤 배움과 가치가 있는지 우리 반 영유아의 경험과 연관 지어 심도 깊게 생각하는 태도가 형성되었다.
- 영유아의 흥미를 쫓아가는 것만이 놀이 중심이 아닌 적절한 판단과 지원이 필요하다 놀이의 본질적인 의미를 깨달을 수 있었다.
- 교사가 가진 생각과 경험을 공유하며 새로운 놀이 아이디어를 모색하고, 창의적이면서도 유의미한 놀이를 계획하며 교사의 자기 효능감이 높아졌다.
- 서로 배우며 협력하는 분위기 속에서 응원과 지지를 얻고, 교사로서 스스로 탐구하고 연구하며 성취감을 느낄 수 있었다.

우수사례 3

자율관리 기반 어린이집 자체 질 관리 개선 및 실천 사례

장려상
부문1

'함께 배우GO, 함께 성장하GO, 우리는 GO!GO! 교사 학습공동체

【협력과 소통으로 함께 성장하는 교사들의 배움의 여정】

대전삼성어린이집(학습공동체)

1. 개요

● 필요성 및 목적

1) 필요성

어린이집 공동체에서 함께 이야기하고, 고민을 나누며, 나아갈 방향을 모색하는 것은 매우 가치 있는 일이다. 이러한 공동체적 접근은 교사들 간의 소통과 협력을 촉진하며, 서로의 경험과 지식을 공유하는 기회를 제공한다. 특히, 유아교육 분야에서는 다양한 접근과 방법이 필요하기 때문에 교사 간의 협력은 더욱 중요하다. 이에 학습공동체를 통해 교사들은 자신의 신념과 교육 철학을 나누고, 서로의 관점을 존중하며 배움의 과정을 경험하게 된다. 이러한 과정은 교사로서의 전문성을 키우는 데 필수적이다.

2) 목적

어린이집 공동체에서 함께 나아가고 성장하는 과정은 교사로서 전문성을 높이는 것뿐만 아니라, 궁극적으로 아동에게 보다 나은 교육 경험을 제공하는 데 기여한다. 이러한 협력적 환경은 유아교육의 질을 높이고, 교사와 아동 모두에게 긍정적인 영향을 미치기 위함이다.

● 실시기간

2024년 4월부터 현재까지 세 모둠으로 매월 1회 교사 교육이 진행되고 있다. 각 모둠의 경력과 관심에 따라 영유아 존중, 놀이, 디지털 관련 주제를 다루고 있으며, 주제와 관련된 도서를 참고하고 적용하여 실질적인 사례와 경험을 나누는 시간을 갖고 있다.

● 대상

신입교사와 1년에서 3년 이하 경력의 교사, 그리고 5년 이상의 경험을 가진 선생님들이 세 개의 모둠으로 나뉘어 11명의 교사가 교사 교육에 참여하고 있다.

● 추진과정

1) 계획

교사 교육을 진행하기에 앞서, 교사들의 관심과 니즈를 우선 파악하였다. 이를 토대로 원장님과 선·주임 교사 간의 협의를 통해 계획을 수립하였다. 신입교사는 아동 존중의 중요성을 이해하고 아동의 발달을 지원하는 방법을 배우는 데 중점을 두기로 하였다. 1년에서 3년 이하의 교사는 놀이중심 교육의 원리와 실제를 익혀 아동의 흥미를 유도하고 참여를 촉진할 수 있도록 돕는 데에 중점을 두었다. 마지막으로, 5년 이상의 교사는 공통의 관심 분야인 디지털 기술을 활용한 교육 방법에 대해 심화 학습을 진행할 것으로 계획하였다.

< 교사의 니즈 파악 >

< 교사 교육의 방향과 실천에 대한 흐름 정리 >

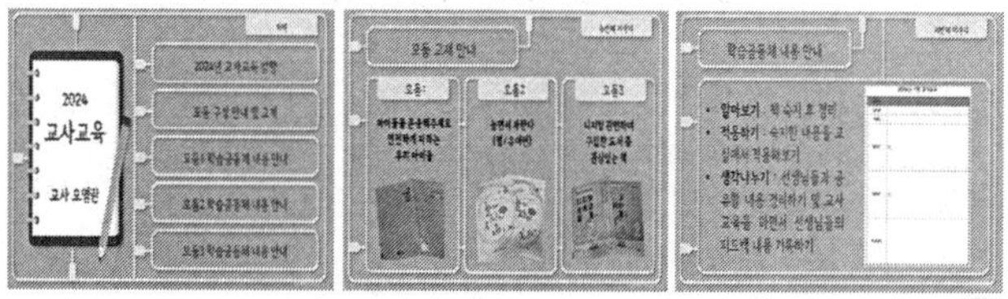

2) 실천

모둠별 연간계획을 가지고 각 교사가 일과 중 교실에서 적용해 보는 과정을 진행한 후, 매달 모임을 통해 각자의 경험을 공유하고 배워가는 시간을 가졌다. 각 모둠은 처음에 설정한 목표와 계획을 바탕으로 다양한 교육 활동을 실행하였고, 그 과정에서 발생한 문제점이나 성공 사례를 기록했다. 매달 모임을 통해 우리는 각자의 교육 방식을 반영하고 수정할 수 있는 기회를 가졌으며, 교사들 간의 유대감도 더욱 깊어졌다. 또한, 원장님과의 피드백을 통해 실천 과정에서 나타난 필요 사항이나 지원 요구를 효과적으로 전달할 수 있었다.

3) 평가

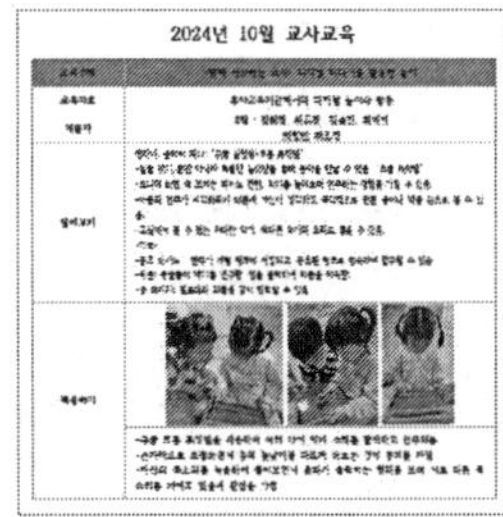

2024년 10월 교사교육

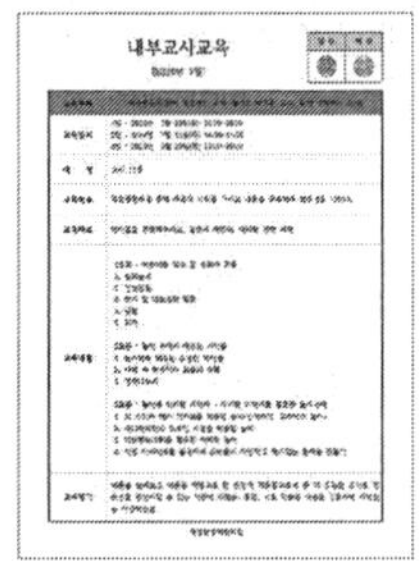

내부교사교육

모둠별 교사 교육의 내용을 진행 후, 모둠별로 모여 교사들은 각자의 경험과 감정, 필요 사항을 서로 공유하는 시간을 가졌다. 각 모둠은 교육 내용을 적용하면서 겪은 어려움과 성공 사례를 서면으로 정리하였고, 이를 통해 서로의 생각과 느낌을 이해하고 배우는 기회를 가졌다. 신입교사는 아동존중 교육의 실천 과정에서 느낀 어려움과 성취감을 공유했고, 1~3년 이하의 교사는 놀이중심 교육이 아동에게 미친 긍정적인 영향을 이야기했다. 5년 이상의 교사는 디지털 기술을 활용한 교육 방법에서의 시행착오와 배운 점을 나누며, 서로의 경험이 큰 도움이 되었음을 강조했다.

4) 환류

공유 과정은 교사들 간의 유대감을 강화하고, 서로의 전문성을 높이는 데 기여했다. 또한, 각 모둠이 정리한 서면 자료는 원장님과의 논의에 중요한 기초 자료가 되었으며, 필요한 지원 사항을 구체적으로 전달할 수 있는 기회를 제공했다. 원장님은 교사들의 목소리를 반영하여 부족한 자원이나 추가 교육 기회를 마련해주어 각 교사가 더욱 효과적으로 교육을 진행할 수 있도록 지원하였다.

교사 교육을 통해 교사들은 자신감을 가지고 더 나은 교육 환경을 만들기 위한 협력의 중요성을 다시금 깨닫게 되었다. 교사들이 서로의 경험을 나누고, 필요한 지원을 요청하는 과정은 결국 아동에게 더 나은 교육을 제공하는 데 밑거름이 되었다.

< 전반적인 추진과정 전개도 >

2. 세부 내용

● 실천 및 변화 내용

1) 학습공동체의 시작 『경력에 따른 교사의 관심과 니즈』

> "아이들과 일과를 보내면서 아이들의 의견을 존중하면서 안전을 생각할 때 어떻게 균형을 맞춰야 할지 어려워요." (신입 강** 교사)

> "작년에 빛을 활용해서 그림자놀이를 했는데 아이들이 너무 재미있어 했어요. 이런 놀이를 교실에서 해보면 좋을 것 같아요." (7년 차 최** 교사)

처음 어린이집에 입사한 교사들은 어린이집 일과 중에 영유아를 존중하는 방법에 대해 고민하고 있었다. 영유아의 목소리를 듣고 그들의 요구에 민감하게 반응하는 것은 초임교사들에게 중요한 과제임을 알 수 있었다. 3년 이하의 경력을 가진 교사들은 놀이를 통해 아이들이 배우고 자라는 과정에 관심을 가지고 놀이가 학습 매체가 된다는 것을 인식하고 있었다.

또한, 5년 이상의 경력을 가진 교사는 현대 사회에서 아이들이 필요한 기술을 익힐 수 있는 기회제공에 대해 고민하고 있었다. 이러한 다양한 고민과 관심이 모여 경력에 따른 학습공동체가 형성되었다.

2) 경력에 따른 세 모둠의 학습공동체

(1) '초임교사'를 위한 학습공동체 『함께 적응하는 교사』

> "이야기를 나누면서 올바른 기준을 가지고 영유아를 존중하는 것이 필요하다는 것을 생각하게 되었어요." (신입 정** 교사)

> "영유아가 표현하는 언어, 비언어적인 상호작용에 민감한 교사가 되어 반응해야겠다고 생각했어요." (신입 이** 교사)

일과 속 영유아 존중 실천 등원 맞이부터 귀가까지의 각 일과 속에서 영유아 존중을 실천해보고 이를 공유하는 과정을 가졌다. 교사들은 어린이집에서 영유아 존중의 중요성을 깊이 이해하게 되었고 일상적인 일과 속에서 이를 실천하기 위해 노력하였다. 이러한 고민을 바탕으로, 교사들은 일과 중 아이들의 감정을 확인하고, 그들의 선택을 존중하며, 집단 활동에서는 서로의 의견을 수렴하는 방식으로 존중을 실천해 보는 경험을 가졌다. 또한, 놀이 중 아이들이 보이는 신호에 즉각적으로 반응하여 그들의 의사를 존중하기 위해 노력하였다.

교사의 경험 공유 이러한 경험은 정기적으로 이루어진 교사 교육을 통해 서로 공유되며, 교사들은 서로의 성공 사례와 개선점을 나누어 영유아 존중에 대한 이해를 심화해 나갔다. 이 과정에서 교사들은 지속적으로 성장하고 발전하며, 영유아도 존중받고 있다는 느낌을 통해 건강한 자아 존중감을 키워나가는 배움의 장이 마련되었다.

(2) '1~3년 교사'를 위한 학습공동체 『함께 놀이하며 배우는 교사』

“오랜만에 책을 펼쳐보며 아이들을 위한 놀이를 생각해 보는 시간을 가질 수 있었어요.” (2년 차 김**교사)
“놀이가 정말 아이들에게는 삶 자체인 것을 다시금 느낄 수 있었어요. 이를 위해 더 많은 시간 투자가 필요한 것 같아요.” (14년 차 **미 교사)

놀이에 대한 생각 & 놀이 관찰 교사들은 놀이에 대한 생각을 정리해 보고 아이들의 놀이를 관찰하였다. 이 과정에서 교사들은 각 아이의 발달적 특성과 개인적 특성을 파악하여, 놀이가 어떻게 이루어지고 있는지를 분석해 보았다. 예를 들어, 어떤 아이는 사회적 상호작용을 통해 친구들과의 관계를 형성하며 놀이를 즐기는 반면, 다른 아이는 혼자서 집중하여 창의적인 놀이를 하는 모습을 보였다. 관찰을 통해 아이들이 서로 다른 방식으로 세상과 소통하고 있음을 알 수 있었다.

놀이로 성장하는 아이들 놀이 속에서 아이들은 단순한 즐거움을 넘어 다양한 능력을 발달시키고, 문제 해결 능력, 사회성, 창의력을 키우는 모습을 관찰하였다. 교사들은 아이들이 놀이를 통해 배우는 것들을 더욱 깊이 이해하게 되었고, 특히 각 아이의 개별적인 필요를 충족시키기 위해 놀이 환경을 어떻게 조정할 수 있을지를 고민하게 되었다.

놀이 속에서 배우는 교사 아이들의 '놀이'에 집중한 학습공동체 교사들은 놀이의 중요성을 재확인하는 기회가 되었다. 교사들은 놀이가 아이들의 발달과 학습에 있어 필수적이라는 사실을 다시금 깨닫고, 앞으로 더 많은 시간과 노력을 투자하여 아이들이 풍부한 놀이 경험을 할 수 있도록 지원할 것을 다짐했다. 이러한 과정은 교사들 스스로의 성장뿐만 아니라, 아이들이 건강하고 행복하게 성장할 수 있는 기반을 마련하는 데 큰 도움이 될 것이다.

(3) '5년 이상 교사'를 위한 학습공동체 『함께 성장하는 교사』

“새로운 접근의 놀이를 아이들에게 제공해 줄 수 있을 것 같아요.” (13년차 김** 교사)
“최신 버전의 컴퓨터 등 좀 더 최신식의 디지털 기기가 있어야 될 것 같아요.” (7년차 최** 교사)

디지털 놀이에 대한 교사의 생각 교사들은 우선 디지털 놀이에 대한 개인적인 생각을 나누는 시간을 가졌다. 또한, 이 디지털 기기가 아이들의 창의성, 문제 해결 능력 및 협동심을 키우는 데 어떻게 기여할 수 있는지를 논의하였다. 이후 어린이집 내에서 활용 가능한 디지털 기기를 찾아보고, 이를 통해 다양한 놀이 활동을 계획해 보았다.

즐거운 디지털 놀이 경험 및 교사 간 공유 실제로 교사들은 태블릿, 컴퓨터, 빔 등 디지털 기기를 활용하여 놀이 활동을 진행하였다. 아이들은 디지털 드로잉 앱을 사용하여 자신의 상상력을 표현하고, 빔을 통해 배경을 제공하여 놀이하는 시간을 가졌다. 이 과정에서 교사들은 아이들이 디지털 기기를 통해 상호작용하며 배우고 즐거워하는 모습을 관찰할 수 있었다. 디지털 놀이를 통해 아이들은 기술에 대한 이해를 높이고, 동시에 친구들과의 협동을 통해 사회성을 기르는 데도 도움이 되었다. 예를 들어, 카페 놀이를 하면서 태블릿을 키오스크처럼 활용하여 놀이하는 아이들의 경험은 큰 즐거움을 주었고, 놀이를 통해 배운 내용을 자연스럽게 일상생활에 적용할 수 있는 기회를 제공하였다.

3) 마음과 생각을 나누는 공동체

(1) '틀리다.'가 아니라 '다르다.' 전문가와 함께하는 서로 이해하는 <마음챙김> 시간

서로의 성격을 분석하고 이를 나누는 과정은 교사들 간의 이해와 소통을 깊이 있게 만들어 주었다. 전문가와 함께 진행된 이 시간은 서로의 성격 유형을 이해하고, 그에 따른 소통 방식을 탐색하는 기회를 제공했다. 이를 통해 교사들은 다양한 성격이 팀워크에 어떻게 기여할 수 있는지를 경험적으로 이해하게 되었으며 앞으로의 교육 현장에서 긍정적인 영향을 미칠 것으로 생각된다.

(2) '함께' 공유하기

세 모둠으로 진행된 교사 교육을 다 같이 모여 각자 모둠에서 알게 된 교육 내용을 정리하여 의견을 나누고 공유하는 시간을 가졌다. 이 과정을 통해 서로의 생각을 정리하고, 다양한 관점을 공유하며 교육의 내용을 더욱 풍부하게 만드는 기회를 가질 수 있었다.

이러한 집단상담과 각자의 경험과 지식을 나누는 과정을 통해 서로의 전문성을 높이고, 교육의 질을 높이는 데 기여하였다. 뿐만 아니라 교사들 간에 서로의 다양한 관점을 존중하고, 함께 성장하여 궁극적으로 아이들에게 더 나은 교육 환경을 제공하는 기회가 되었다.

3. 결과

결과 및 평가

1) 실시 후 변화

"교사가 행복해야 아이들도 행복하다고 생각합니다. 그래서 저는 하루에 작은 것이라도 행복을 찾으려는 모습이 생겼어요. 오늘은 좋은 날씨에 행복함을 느꼈어요." (신입 이** 교사)
"유아의 갈등 상황이 동시에 일어나는 경우에 유아를 존중하지 못하는 모습이 있음을 점검하게 되어 반성하게 되었어요. 아이들과 함께 생활하면서 일어나는 사소한 부분도 아이들의 입장에서 바라봐야겠다고 생각하게 됐어요." (신입 양** 교사)

신입교사는 일과와 놀이 중에 영유아 존중을 적용하면서 교사로서 나의 모습을 점검하는 모습을 볼 수 있었고, 아동과의 관계가 어떻게 변화했는지를 이야기하며, 긍정적인 반응을 이끌어내려는 노력을 볼 수 있었다.

"항상 어디를 가든지 '이거 우리 애들이 좋아할 거 같은데, 이거 사용해서 놀이하면 재미있겠다' 라고 생각하게 돼요." (3년 차 김** 교사)
"영유아들은 개인차가 있음을 다시 경험하게 되었고 개인차를 존중하여 지원하고 있는지 반성적 사고를 하게 되었어요." (2년 차 김** 교사)

1~3년 이하의 교사는 놀이중심 접근법을 적용하면서 아동의 참여를 유도하는 데 어려움을 겪었지만, 아동들이 의미 있고 즐거운 경험을 가지도록 고민하고 다양한 놀이 활동을 통해 아동의 흥미를 이끌어낼 수 있었던 경험을 공유하는 모습이었다.

"벽면에 부착하여 사용하는 기존의 방식이 아닌 움직이는 바닷속 등의 디지털 배경 화면이나 움직이는 영상을 놀이에 활용하니 아이들이 더 몰입해서 하는 모습이었어요." (8년 차 채** 교사)
"스크루블리를 활용하여 체조를 만들고 친구들과 체조를 하면서 재미있어 하는 것을 볼 수 있었어요. 영아반 아이들도 재미있어 할 것 같고 신체활동 대체 놀이로도 활용이 가능할 것 같다고 생각했어요." (13년 차 김** 교사)

5년 이상의 교사는 디지털 놀이에 대한 교사들과의 논의와 실제 활용 경험은 매우 유익한 시간이었다. 교사들은 디지털 기기가 아이들의 놀이와 학습에 어떻게 긍정적인 영향을 미칠 수 있는지를 깊이 이해하게 되었고, 앞으로도 디지털 놀이를 적극적으로 도입하여 아이들에게 다양한 학습 기회를 제공하면 좋겠다고 생각했다.

2) 교사의 평가 및 달라진 점

"교사 교육 진행된 모둠별 이야기를 들으면서 아이들에게 좋은 것을 주기 위한 교사들의 노력을 느낄 수 있었고, 개인적으로 아이들의 입장에서 바라보고 아이들의 마음을 헤아릴 수 있는 교사가 되어야겠다고 생각했어요." (신입 이** 교사)
"각자 비슷한 경력이어서 그런지 서로 이야기를 나눌 때 공감대가 형성되고 서로 위로가 되는 것을 느낄 수 있었어요." (20년 차 오** 교사)

교사 교육을 진행하면서 교사들은 반복되는 일상 속에서도 행복을 찾으려는 노력을 기울이고 있다. 이 과정에서 자신을 돌보고 여유로운 마음가짐을 가지게 되며 교사 간 서로에게 유익을 주고, 아이들이 유능한 존재임을 인식하게 된다. 이러한 변화는 교사들이 긍정적인 태도를 유지하게 하고, 아이들과의 관계에서도 더욱 즐겁고 유익한 상호작용을 가능하게 한다. 결과적으로 교사와 아동 모두가 함께 성장하는 환경이 조성되고 있다.

● 기대효과

교사 교육을 통해 얻어진 긍정적인 변화는 어린이집에 여러 기대효과를 가져온다. 첫째, 교사들이 여유로운 마음가짐을 가지면서 스트레스가 줄어들고, 교실 분위기가 긍정적이고 밝아진다. 둘째, 아동의 유능성을 인식하게 되어 아이들은 자신감을 가지고 다양한 놀이에 참여하는 기회를 가진다. 셋째, 교사와 아동 간의 신뢰 관계가 강화되어 안전하고 지지받는 환경이 조성된다. 마지막으로, 학부모와의 소통이 개선되어 가정과 어린이집 간의 협력 관계가 더욱 친밀해진다. 이러한 변화는 어린이집의 전반적인 질을 높이는 데 기여하고 있다.

CHAPTER 08

저널쓰기

1. 저널쓰기의 개념
2. 저널쓰기의 의의
3. 저널쓰기의 방법
4. 저널 지원전략

CHAPTER 08

저널쓰기

1. 저널쓰기의 개념

저널의 언어학적 의미를 살펴보면 개인의 일상경험을 기록하는 일기의 의미도 있으며, 자신의 경험을 전문분야에 대한 시각으로 글을 쓰는 형태를 의미하기도 한다. 교사교육에서 저널쓰기는 후자의 의미를 말하는 것으로 교사들이 자신의 교수-학습활동을 분석하고 미래에 발생할 문제들에 대한 해결책을 고안하며 자신과 대화를 나누는 글쓰기이다(이현옥 외, 2017).

저널쓰기는 갈등이 되는 교육상황에 대해 교사 자신의 개인적인 생각을 글로 적으며 이를 전문적으로 분석한 자신의 견해를 기록하는 것이다. 이 기록은 자신의 수업상황을 재해석할 수 있는 글로써 수업상황에 대한 재해석과 발전적 대안을 모색하기 위한 자료로 사용될 수 있다. 그러므로 저널쓰기는 교사들이 자신의 교육적 실천행위에 대해 개인적인 관점을 가지고 기록하는 다양한 형태의 글쓰기를 의미하며, 타인과의 담론을 통해 교수-학습에 대한 의미를 찾아가는 과정을 의미한다고 볼 수 있다(박은혜, 2002).

저널쓰기는 반성적 사고를 가장 잘 도출해 낼 수 있는 방법으로 사용되며 반성적 사고는 저널을 쓰는 과정 그 자체가 아니라 교사들이 자신의 생각을 글로 작성한 것을 분석해 보는 과정에서 향상된다. 교사는 반성적 저널쓰기를 통해 교사가 기존에 알고 있는 이론과 실질적인 경험을 연결시킬 수 있다(Reiman & Thies-Sprinthall, 1998). 또한 교사들은 저널쓰기를 통해 자신이 알고 있는 단순한 지식을 적용하는 수준을 넘어 자신이 경험하는 어려운 문제와 갈등의 원인을 분석하고 해결방법을 찾는 과정에서 자신에게 어떤 고민이 있고 앞으로 어떻게 해야 하는지 방향성을 모색할 수 있다(황보라, 2004). 교사들은 영유아 교육현장에서 저널쓰기를 통해 자신이 습관처럼 해오던 교수행위에 대한 자기 내면의 대화에 참여하여 자신만의 신념을 가진다. Kerka(1996)는 저널쓰기는 자신의 생각을 담은 개인적 기록물이기 때문에 어떤 내용물보다 자신의 관점을 갖게 함으로써 교사들에게 자신의 교육적 행위를 되돌아보고 분석하는 데 효과적이라 하였다.

교사의 저널쓰기가 교사들의 숙고적인 사고와 자질을 향상시키는 데 효과적인 방법(Surbeck, Han & Moyer, 1991)임이 알려지며 저널쓰기에 관한 연구가 지속적으로 이루어지고 있다. 기존 연구에서는 저널쓰기가 교사들의 사고와 인식, 수업의 전반적 변화를 가져왔으며(곽현주, 2004; 한수란, 2006), 영유아들의 모습을 변화시킨(박세랑, 2006; 서혜성, 2011) 것으로 나타났다.

교사의 저널쓰기의 특징은 다음과 같다.

- **비공식적, 자유로운 글쓰기** : 형식이나 문법에 구애받지 않고 자유롭게 쓴다.
- **주관성과 솔직함 중심** : 교사의 솔직한 생각, 감정, 경험을 중심으로 작성한다.
- **일상성과 지속성** : 꾸준히 반복될수록 효과가 크다.
- **교육적 목적성** : 단순 기록이 아니라 더 나은 교육을 위한 자기성장의 도구가 된다.

2. 저널쓰기의 의의

교사들이 저널을 쓰는 것은 자신의 교수행위와 전문직으로서의 모든 삶을 재조명하도록 돕는다. 즉, 자신의 수업에 대한 뒤돌아봄의 의미, 교육상황에 대한 꼼꼼한 기록, 교육적 대안을 찾아가는 사고의 과정을 지니게 된다. 그러므로 저널쓰기는 새로운 정신적 표상을 창조해 내고 문제를 재정의하여 해결하며 그에 대한 결과까지 예측해 보는 초인지 과정에 참여하는 경험을 하도록 돕는다. Davis(2006)는 교사와 연구자가 저널을 활용하는 목적은 학습을 촉진하기 위한 목적뿐 아니라 저널이 교사의 사고를 들여다볼 수 있는 창이 되기 때문이라고 하였다.

교사의 저널쓰기는 다음과 같은 교육적 효과를 촉진한다(이현옥 외, 2017).

1) 수업에 대한 재분석과 연구

저널은 교사가 자신의 수업에 대한 경험을 글로 기억하는 것이다. 수업상황에서 나타난 교사의 행동은 교육이론에 따른 행동도 있지만 때로 교사 안에 잠재한 교육의 습관과 신념 등이 숨겨져 있다. 이런 일상의 교수행위는 교사 자신도 인지하지 못한 채 계속적으로 반복되기 쉬우며 결국 교육이론에 따른 바람직한 교수행위는 이론에 머물 뿐 실천적 지식으로 변환이 어려울 수 있다. 교사의 저널은 교사가 경험한 것을 다시 분석하고 해석하는 과정을 가지게 함으로써 자신의 경험을 주관적 느낌에서 벗어나 이론적 근거에 따른 수업에 대한 재해석 과정을 가지게 한다.

2) 교육이론과 실제의 왕래

교사들은 저널을 쓰며 수업을 재분석하는 과정 안에 교육이론과 실제가 끊임없이 왕래하게 된다. 교육이론 적용에 있어 교육상황은 일정하지 않다. 발달의 특성, 학급상황, 주변 환경 등 다양한 원인에 따라 교수행위는 다를 수 있다.

교육의 현장사례를 쓰는 과정에는 자신의 교육신념에 대한 자기 인식, 교수활동이나 이론에 대해 의문이 생기는 내용에 대해 질문하기, 이전에 써놓은 저널에 반응하기, 문제상황을 자신의 관점에서 재정의하기, 직면한 문제에 대한 다양한 해결책 모색하기, 자신의 감정 그려내기, 앞으로의 계획을 이야기하기 등의 다양한 방식으로 자신의 이야기를 전개해 나간다. 즉, 교사들은 저널을 쓰고 분석하면서 자신만의 새로운 의미를 창출하는 것이다(박은혜, 2002).

3) 다면적 해석과 비판적 관점

교육현장은 교육내용이나 교수방법, 교육자료 등이 이미 정형화되어 있는 기존의 틀이 있다. 초임교사일수록 서둘러 교사되기를 학습해야 하므로 모든 교육상황을 비판 없이 순응적으로 받아들인다. 현재 있는 체제를 의미 없이 있는 그대로 수용하는 순응적인 태도가 교육의 발전을 저해하는 요인이기도 하다. 교사의 전문성은 지금까지의 교육체제에 대한 다변적 접근의 해석과 비판적 관점에서의 논의를 포함해야 한다. 저널을 쓰는 것은 자신의 수업 외에도 지도교사의 수업, 책이나 논문에 실린 교육이론과 사례에 대해 자신의 사고를 기준으로 비판적 분석을 해보고 자신의 입장을 표명할 수 있는 자기만의 공간 역할을 한다. 저널에 대한 경력교사의 조언이 있을 경우 다양한 관점의 해석을 경험할 수 있다.

4) 협력적인 관계와 공동의 지식구성

저널쓰기는 개인적 차원에서 협력의 관계로 발전할 수 있다. 교사의 저널에는 개인적 글쓰기 외에도 주고받는 편지글이나 지도교사의 정기적인 피드백이 가능하다. 서로가 나누는 글 속에서 격려와 정서적 지원, 개인적으로 겪는 어려움에 대한 위로가 교사로서의 성장을 도울 수 있다.

또 저널을 통해 동료 간의 토론까지 이끌 수 있으며 각자의 견해는 서로 다른 관점에 대한 경험, 비판적 사고의 촉진과 더불어 교육현장에 대한 공동의 지식을 구성하는 협력적 관계를 만들어 낼 수 있다.

5) 교사로서의 정체감과 전문가로서의 성장

교사들은 자신의 능력에 대한 한계를 느낄 수 있으나 전문가로서의 성장에 있어 연구과정이 다른 전문직에 비해 기회가 적고 환경 또한 매우 힘들다. 저널쓰기는 일상에서 벌어지는 일에서 교육을 찾아가는 전문가로서의 분석행위를 가능하게 하며 자신의 저널을 주기적으로 읽으며 자신의 교수행위에 대한 초인지적 경험을 하게 돕는다. 이 과정에서 교사로 하여금 교사로서의 정체감을 갖게 하고 전문가로서의 성장을 돕는다.

교사 저널쓰기는 다음과 같은 유익한 점이 있다.

- 교육성찰 : 수업을 되돌아보며 잘된 점, 부족했던 점을 파악하고 개선방향을 찾을 수 있다.
- 전문성 향상 : 반복적인 성찰을 통해 교육철학과 교수법을 정교하게 다듬을 수 있다.
- 관찰력 강화 : 유아의 미묘한 행동 변화나 발달단계를 더 세심하게 관찰하게 된다.
- 감정 정화 : 교사로서 겪는 감정을 표현하고 해소하는 효과가 있다.

- 평가자료로 활용 가능 : 개별 유아의 반응과 변화기록은 상담, 가정통신문 작성에 활용될 수 있다.
- 교사 간 소통 : 동료교사와 저널 내용을 공유하며 공동의 문제를 해결하거나 아이디어를 얻을 수 있다.
- 교사로서의 성장 : 시간이 지날수록 자신의 성장을 직접 확인할 수 있어 보람과 자긍심이 커진다.

〈실제 저널쓰기를 통해 얻는 경험 예시〉

상 황	얻는 유익
유아가 수업에 집중하지 못했을 때	원인을 분석하며 수업 흐름을 조정하는 역량이 향상됨
예상과 다른 반응이 나왔을 때	다양한 유아의 시각을 이해하고 융통성 있는 교수법을 개발하게 됨
감정적으로 힘든 날	글을 통해 감정을 정리하며 스트레스를 줄이고 자기 치유가 가능함
특별한 말이나 행동을 목격했을 때	영유아의 성장 순간을 놓치지 않고 기록함으로써 발달 평가에 활용

3. 저널쓰기의 방법

저널쓰기는 어떠한 규칙도 없고 이것이 저널쓰기의 가장 어려운 점이다. 저널은 특정 형식과 원칙에 따른 글쓰기가 아니라, 저널을 쓰며 얻은 다양한 결과에 만족하는 것이 그 의미라 할 수 있다. Kathlen Adams가 자신의 체험에서 얻은 저널쓰기의 제인을 기초로 교육지널 쓰기에 도움이 되는 몇 가지 요전을 소개하고자 한다(이현옥 외, 2017).

1) 저널쓰기의 요점

(1) 글쓰기 전 명상시간

저널을 쓰기 전에 자신의 취향대로 잠시 명상시간을 가진다. 음악을 들으며, 차를 마시며, 한적한 교실에서 자신이 가장 편안함을 느낄 수 있는 방법을 찾아 자신의 현재 상황을 그려보고 떠오르는 이미지를 따라가며 생각한다.

(2) 날짜 쓰기

오늘의 저널에 날짜를 쓰는 습관이 필요하다. 날짜를 기록하는 것은 자신이 가지고 있는 생각의 경향의 흐름과 자신의 신념에 대한 변화를 감지하며 성장을 경험할 수 있게 한다. 또한 시간의 연속성상의 저널은 지난날의 기억을 보관하며 공백 기간의 삶도 회상하게 한다. 저널을 쓰지 못할 정도의 삶의 이유를 찾아내고 기억하며 다시 자신의 삶과 교사의 삶을 조명할 수 있다.

(3) 키워드와 메모

바쁜 일과로 너무 짧게 표현된 한 줄의 의성어, 쪽지에 적은 글, 다이어리 메모 등도 내가 보관하게 될 경우 자신을 돌아보며 메타반성적 사고를 이끌어 낸다. 교사는 수업과 바쁜 일과 속에서 작은 수첩, 포스트잇, 수업계획안 등에 간단한 메모를 보관한다. 이런 키워드들이 글과 이야기를 쓰도록 회상을 돕는다. 또한 저널은 일정한 형식과 틀을 갖추고 시작과 마무리가 있는 것만이 아니다. 끊길 수 있고 틀릴 수 있고 내 마음과 다른 글이 써질 수 있고 등등의 이유로 완성하지 못한 글도 보관하는 것이 좋다.

(4) 편하게 쓰기

완전함을 기대하기보다 생각을 따라 글을 쓰는 것이 자유를 만끽할 수 있으며 훨씬 쉽게 직관적이고 잠재의식적인 정보까지도 얻을 수 있다. 이런 자유로움이 더 많은 저널을 쓰게 하고 글쓰기의 두려움을 없애는 방법이다.

(5) 진실되게 쓰기

자신의 저널을 자신이 읽기도 하고 때로는 다른 사람들이 읽기도 한다. 자신이 자신의 진실을 읽을 경우 내가 모르는 부분까지 발견하게 하고 나의 사고를 발전시킨다. 남이 이 역할을 대신할 경우 잠재적인 사고를 함께 찾아주며 나의 생각을 성장시킬 수 있다. 그러나 남일 경우 대단한 신뢰가 필요하므로 자신의 프라이버시가 염려된다면 공개하지 않는 방법도 고려해 볼만하다.

(6) 자연스럽게 쓰기

자연스러움이란 자신의 모든 정서를 편안하게 표출할 수 있어야 한다. 자연스러운 글쓰기가 되려면 자신에게 익숙한 글쓰기를 선택하는 것도 하나의 방법이 될 수 있다. 즉, 일기와 같이 글로 쓰는 것이 일반적이지만 다른 사람과 대화하듯 쓰는 편지글, 자신의 마음을 표현한 시로도 표현할 수 있다. 그뿐만 아니라 그림과 낙서, 빈 여백, 알 수 없는 선과 점, 어떤 이미지도 가능하다.

(7) 교육적 시각으로 분석하기

자신의 글쓰기가 익숙해지면 한 줄이라도 교육적 글쓰기를 시도한다. 자신의 글에 담긴 교육상황을 교육 이야기로 해석해 간다. 자신이 저널 안에 쓴 교육현상을 놓고 교육이론을 찾아내어 글로 써보기, 자신의 교육철학으로 논해보기,

비판적 입장 되어보기, 또는 다른 입장 되어보기, 반론 · 주장 · 반성 · 수용 등 자기만의 토론 분위기로 글을 써본다.

(8) 다시 읽고 다시 분석하고 다시 글쓰기

교사의 저널은 교사의 삶과 수업의 현상을 그 순간순간 기록으로 남긴다. 수업 이야기는 교사가 글을 쓰는 시점에서 출발하지만 다시 읽으며 그 의미는 다르게 해석된다. 즉, 저널을 읽는 시간과 주변 환경이 변화함에 따라, 수업의 경험과 지식이 증가함에 따라, 그리고 혼자 읽을 때와 여러 교사가 함께 읽을 때, 저널에 대한 의미와 교육적 분석의 내용은 깊이와 범위가 다양하게 발전한다. 그러므로 어제의 저널을 다시 읽을 수 있고 지난주의 저널, 지난해, 몇 년 전 저널을 다시 읽는 것은 자신의 교사로서의 성장을 인식하게 도우며 삶의 목표와 의미를 갖게 한다. 다시 읽으며 느끼는 자신의 교육 이야기를 다시 저널로 써본다.

효과적인 저널쓰기 팁을 제시하면 다음과 같다.

- 정직하고 솔직하게 작성 : 감정을 숨기지 말고 솔직하게 드러내는 것이 성찰에 도움이 된다.
- 정기적으로 작성 : 하루 5~10분 정도 시간을 정해 꾸준히 쓰는 것이 중요하다.
- 객관적으로 바라보는 시선을 유지 : 자신의 행동뿐 아니라 유아의 반응을 있는 그대로 관찰하고 분석한다.
- 작은 변화도 기록 : 유아들의 변화, 수업의 반응, 자신의 생각의 변화 등을 놓치지 않는다.

- 성과와 실패 모두 기록 : 성공한 수업뿐 아니라 실패한 수업도 가장 좋은 학습 자료가 된다.

2) 저널쓰기의 방법

(1) 정기적으로 쓰기(습관화하기)

- 매일 혹은 일주일 단위로 꾸준히 쓴다.
- 하루 5~10분 정도 시간을 정해두고 쓰면 습관이 된다.

(2) 핵심 내용 중심으로 구성하기

- 오늘 수업이나 활동 중 기억에 남는 사건 한두 가지를 중심으로 쓴다.
- 모든 것을 기록해야 한다는 부담은 버린다.

(3) 기본 구성 틀 활용하기

다음과 같은 틀을 활용하면 생각의 정리가 쉬워진다.

항 목	질문 예시
날짜/ 주제	언제, 어떤 수업 또는 활동, 또는 상황인가?
상황요약	무슨 일이 있었나?
유아반응	어떤 반응이나 행동이 인상 깊었는가?
교사반응/ 감정	나는 그때 어떤 생각/ 감정을 느꼈나?
성찰/ 원인분석	왜 그런 일이 일어났을까? 나의 역할은 어땠나?
개선점/ 다음 계획	다음에는 어떻게 하면 더 좋을까?

예시 질문

- 오늘 수업이나 일과에서 가장 잘된 점은?
- 아이들이나 교사, 부모들이 어려워한 점은?
- 내가 대처한 상황은?
- 다시 돌아간다면 어떻게 바꿔볼까?

(4) 객관적 시선 유지

지나친 자기비판 또는 자기합리화는 피하고 사실을 관찰하고 분석하는 데 집중한다.

(5) 짧은 문장으로도 충분

- 매끄러운 문장보다 중요한 건 내용과 생각이다.
- 문장이 다소 거칠어도 괜찮다. 나만 이해하면 된다.

3) 저널쓰기의 핵심 요소

(1) 성찰(reflection)

수업상황이나 교사의 일과의 여러 일에 대한 자신의 생각과 감정을 돌아보고 분석하는 활동

(2) 기록(recording)

사실 중심의 사건이나 유아, 동료교사, 부모 등의 반응 등을 간단히 기술

(3) 해석(interpretation)

왜 그런 일이 일어났는지, 교사로서의 행동이나 개입이 어떤 영향을 주었는지 분석

(4) 개선(action plan)

더 나은 수업을 위한 계획이나 관계에서 반응, 다음에 같은 상황이 되었을 때 어떻게 하면 좋을지에 대한 전략 도출

4. 저널 지원전략

교사의 쓰기를 돕기 위한 저널은 개인의 반성적 사고를 이끌어내며 자신의 수업을 향상시킨다. 이때 지도교사들의 교육적 지원은 교사들의 행동적 발달 수준에서 잠재적 수준까지 성장시키는 힘을 가진다. 지도교사는 교사의 근접 발달지대 안에서의 사회적 지원체계를 구축하는 역할에 능숙해야 할 것이다. 다음은 저널쓰기 지원을 위한 지도교사의 다양한 책략을 소개하고자 한다(이현옥 외, 2017).

1) 교사의 일상에서 교육적 의미 찾아주기 : 격려

초임교사나 발달수준이 낮은 교사들은 비교적 자신의 교수행위에 대해 자기 자신도 신뢰하지 못한다. 즉, 교직에 대해 자신감이 없으며 어떤 방법을 선택할 것인가에 대한 고민과 자신의 교수행위에 대한 정확한 분석보다는 실패에 대한 두려움과 실망 등의 감정에 휩싸이기 쉽다. 그러므로 지도교사는 교사들의 실

수와 부족한 점을 지적하기에 앞서 항상 그들의 장점을 찾아 격려하는 것을 지도해야 한다. 격려는 교사로 하여금 자신을 긍정적으로 인식하고 자신감을 가지게 할 수 있다. 지도교사는 저널을 통해 나타난 교사들의 여러 행동을 찾아내어 적극적인 격려의 글을 쓰는 것이 필요하다.

(1) 교사의 현재 수준을 그대로 수용하고 격려하기

교직 특성상 교사는 학급의 모든 일을 혼자 담당하며 경력의 유무를 떠나 비교적 업무가 동일하다. 모든 업무를 성공적으로 수행하기를 기대하고 교사에 대한 기대수준이 높기 때문에 교사들은 자신의 현재 능력을 그대로 인정받기 거의 불가능하다. 발달이 낮은 교사일수록 자기 자신의 강점을 스스로 찾아내는 것이 매우 어려운 일이므로 낮은 자존감을 갖기 쉽다. 그러므로 지도교사는 교사의 강점을 먼저 찾아내어 격려함으로써 교사들이 자신의 정체성을 찾도록 돕는 것이 필요하다.

(2) 교사의 긍정적인 면을 찾아 격려하기

교사가 되기 위해서는 갖추어야 할 태도나 잠재적인 성향, 인성적 측면, 교직의 전문성을 갖추기 위한 이론적 기반과 실천적 능력 등이 요구된다. 하지만 교사가 되기 위해서는 이런 모든 면을 한꺼번에 갖추기는 어려우며 완전히 갖추기도 어려운 일이다. 그러므로 지도교사는 교사가 되기 위한 여러 요소 중에 우선 교사가 갖추고 있는 면을 발견하여 격려하는 것이 중요하다. 사람은 누구나 긍정적인 면을 갖고 있으므로 그 부분을 교직과 연결하여 구체적으로 격려한다.

(3) 교사를 신뢰하고 있음을 나타내어 격려하기

대부분의 교사들은 자신의 능력이 부족하기 때문에 다른 교사들이 자신을 믿지 못할 것이라 생각할 수 있다. 특별히 저널에 드러나도록 표현하지는 않아도 자신의 부족함을 자주 표현하거나 아이들에게 미안함과 원에 공헌하지 못함을 지나치게 반성하는 경우 대부분의 교사들은 불안함을 느낀다. 때론 교사들은 자신에 대한 다른 교사들의 반응을 살피기 위해 저널을 통해 확인하고자 할 때도 있다. 그러므로 지도교사들은 교사들의 평상시 행동도 주의 깊게 관찰하여 교사생활에 대한 신뢰를 표현해야 할 것이다. 자칫 지나친 칭찬이나 공감할 수 없는 부분을 격려하게 되면 교사가 자기 자신을 바르게 인식하지 못하거나 정서적인 위로일 것이라 여길 뿐 자신감을 갖게 하기는 어렵다.

(4) 교사의 노력과 향상을 인정하기

격려의 장점 중 하나는 모든 일의 성공에만 주어지는 것이 아니라 성공과 향상, 그리고 일의 과정 중에도 가능하다는 것이다. 교사의 노력을 인정하는 것이다. 교사의 노력을 인정하는 과정은 다음으로 도전할 수 있는 힘을 기를 수 있으며 노력하는 과정도 가치 있음을 알게 된다. 또한 향상을 인정받게 되면 교사는 다른 교사들과의 비교에서 좌절을 경험하기보다 자신의 성장에 대한 기쁨으로부터 다시 성공하고자 하는 의지와 용기를 가질 수 있다. 그러므로 지도교사는 교사들의 저널에서 노력하는 부분을 찾아내는 것이 중요하며 변화와 향상을 발견하여 피드백 주는 것이 중요하다. 이때 교사들은 지도교사의 피드백을 통해 자신도 알지 못하는 자신의 성장을 알게 됨으로써 기쁨과 더불어 자기 스스로 자신의 성장을 찾아내는 연습을 할 수 있게 될 것이다.

(5) 집단에 공헌한 일을 찾아 격려하기

모든 사람은 자신이 속한 집단에서 소속감을 가지는 것이 매우 중요하다. 소속감은 집단의 모든 사람들로부터 관심을 받는 것도 있으며 때로 자신의 행동이 집단에 공헌하였음을 느끼는 것이다. 교사도 역시 자신이 속한 원에 공헌하고 있음을 아는 것이 중요하다. 교사의 일상은 거의 아이들과 교육을 위해 일하게 되며 저널의 이야기도 주로 아이들을 잘 가르치기 위해 발생하는 갈등들이 대부분이다. 그러므로 지도교사들은 표면적 갈등에 대한 지도 이외에도 그들의 노력이 아이들과 원, 부모, 사회와 미래를 위한 일임을 알게 하는 것도 중요하다. 또한 초임교사일 경우 맡겨지는 업무가 비교적 단순하고 남들이 쉽게 하는 일이라 할지라도 그 일의 중요성과 기여도 등을 설명하여 격려해야 교사들은 자신의 업무수행의 가치를 알고 최선을 다하게 될 것이다.

2) 교사의 감정수용 : 경청

초임교사는 새롭게 시작하는 교직생활에서 다양한 도전을 만나며 이성적 판단에 앞서 정서적인 영향을 받고 일반적으로 여러 감정에 의해 행동한다. 감정은 종종 교육적 사고와 판단능력에 영향을 미치며, 특히 교사가 느끼는 분노와 좌절 같은 강렬한 감정에 의해 교사로서의 반성적 사고, 연구의 분위기를 방해하기도 한다. 그러므로 지도교사는 긍정적이든 부정적이든 저널에 표현되는 감정에 대해 특별한 관심을 가져야 하며 교사들이 자신과 다른 사람의 감정을 조절할 수 있도록 하는 조언이 필요하다. 지도교사가 교사의 감정을 수용할 경우 교사는 자신의 마음을 이해해 주는 동료가 있다는 것에 위로를 받으며 자신의 문제를 이야기하기 시작할 것이다.

(1) 내재되어 있는 의미 알아내기

교사의 감정을 수용하기 위해서는 저널에 쓰인 글에서 쉽게 찾을 수도 있지만 때로는 글 안에 숨어있는 감정을 찾아내야 할 때가 있다. 그러기 위해 지도교사는 교사의 저널을 깊이 있게 읽어내려는 노력이 필요하며 조심스럽게 그들의 감정을 찾아내고 반응해 주어야 한다.

(2) 다양한 감정을 표현하는 어휘 사용하기

사람들이 느끼는 감정은 매우 다양하다. 그러나 간혹 자신이 느끼는 감정을 언어적으로 적절하게 표현하지 못함으로써 자신의 감정에 대한 정확한 인식을 하지 못하는 경우가 있을 수 있다. 예를 들어, 수업을 자신의 계획대로 진행하지 못해 성공하지 못하였을 경우, 실패한 상황을 '화가 난다'고 인식하면 교사는 잘못된 이유를 아이들에게 돌리거나 어제 충분히 준비하려고 했는데 자신에게 일을 시킨 선배교사 탓으로 돌리는 등 자신을 화가 나게 만든 상황만을 찾기 쉽다. 그러나 이 상황을 '수업의 실패를 한 내가 참 실망스럽다'라고 인식한다면 자신의 문제를 찾게 된다는 것이다. 이렇듯 감정에 대한 언어적 표현은 자신의 다음 사고와 행동을 이끌므로 좀 더 세분화하여 표현하는 것이 좋다.

3) 스스로 문제를 해결하도록 돕기

교사들은 자신의 수업에 대한 여러 갈등에서 오는 다양한 정서가 수용되고 나면 문제를 해결하고자 하는 단계로 발전한다. 문제해결을 돕는 방법에는 여러 가지가 있겠으나 저널쓰기를 통해 문제의 초점을 분명히 찾고 문제를 다양한 관점에서 바라보는 등 교사가 주도적으로 문제를 해결하도록 도울 수 있다. 즉, 지도교사는 교사의 저널을 통해 문제를 발견하도록 돕고 해결방안을 찾아보게 하며 예측되는 결과를 생각하고 대안을 선택하는 과정으로 이끌며 교사 스스로 문제를 해결하도록 돕는다.

(1) 문제를 명료화하기

교사의 저널에는 자신의 수업에서 있었던 일들을 기록하게 되는데, 그 안에는 교육현장에 대한 여러 문제가 담겨 있을 수 있다. 그러므로 지도교사는 교사의 감정을 수용한 후 곧바로 자신의 문제가 무엇인지 간단히 진술하고 몇몇 가지의 생각들로 요약해 주는 것이 필요하다. 자신의 문제를 분명히 알 수 있게 돕는 것이다.

(2) 대안 찾기

교사들이 자신의 문제를 분명히 알고 나면 스스로 문제를 해결할 수 있는 방법을 찾도록 지도한다. 대안을 찾을 때는 여러 가지 대안을 거침없이 생각해 내고 그 대안을 적용할 경우 예측되는 일을 생각해 보는 과정까지 포함한다. 이 과정에서 가장 중요한 것은 교사가 자신의 수업을 해결하기 위한 대안을 스스로 선택하는 것이다. 자칫 지도교사의 조언이나 충고가 지나칠 경우, 그 결과의 책임을 지도교사가 져야 할 수도 있다.

(3) 결과에 대해 평가하기

교사가 수업을 실행한 후 저널을 통해 자신의 수업을 평가하는 것이 바람직하다. 수업에 대해 성공과 실패의 원인을 모두 찾아보고 다시 한번 반성하도록 돕는 것은 교사 스스로 수업을 발전시키는 실천적 능력을 기르고 지식을 쌓게 할 수 있다. 이때 지도교사는 교사의 성공과 실패 모두를 격려해야 하며,

특히 수업에 대해 노력하는 모습을 격려할 경우 교사는 수업의 성패에 연연하기보다 자신이 노력하고 있음을 알게 되어 자신의 정체성을 찾아가는 계기가 될 수 있다.

4) 교사의 사고 촉진하기

저널쓰기의 목적은 교사가 자신의 교직수행을 성공적으로 할 수 있도록 돕는 것이다. 교사가 지금까지의 사고과정을 교육전문가로서의 사고로 전환하고, 특히 학급에서의 다양한 상황을 스스로 사고하며 문제를 해결하도록 적극적인 사고를 지니게 하는 것이 필요하다. 저널로 대화를 나눌 때 지도교사의 질문은 교사의 사고를 촉진하기에 매우 중요한 부분이며, 교사의 발달수준에 따라 구체적이고 단답형의 질문에서 포괄적이고 다면적 관점을 요구하는 사고지향적인 질문으로 점차 발전시키는 책략이 필요하다.

우선 교사들의 저널에 교수–학습에 대한 반성적 사고가 거의 포함되지 않았다면, 이에 적합한 피드백은 수업상황에 대해 구체적으로 회상하도록 질문하는 것이 필요하다. 예를 들면, 수업상황에서 교재의 적절성, 활동에 적절한 유아의 수, 아이들의 흥미에 대한 배려, 발달수준의 적합성, 활동의 균형 등 수업계획과 진행에서 교사가 고려해야 할 부분을 다시 한번 재고할 수 있도록 질문하여 반성적 사고의 기회를 주도록 한다.

5) 정보 제공하기

지도교사의 역할 가운데는 정보, 연구, 이론, 의견, 생각을 제공하는 것이 포함된다. 정보를 제공하는 것은 교사의 어려움에 아이디어를 주기도 하고 이론을 찾아 정리해 줄 수 있으며 관련 서적이나 논문을 안내하여 교사가 새로운 정보를 얻을 수 있도록 돕는다. 또 자신의 이전 경험이나 자신의 의견을 제공하여 교수방법에서의 간접 경험을 통해 수업에 대한 지식을 얻게 할 수 있다. 이때 지도교사는 교사의 발달수준이 낮을수록 구체적인 설명이 필요할 수 있으며 발달수준이 높아지게 되면 관련 문헌이나 이론을 안내하거나 다양한 매체나 인터넷 사이트 등을 안내해 스스로 정보를 찾아낼 수 있는 기회를 주는 것이 효과적일 것이다.

6) 균형 유지 돕기

지도교사는 교사들이 저널쓰기에 대한 의미를 알고 스스로 익숙해지기까지 일상에서 적절한 균형을 유지하도록 돕는 일이 중요하다. 처음에는 저널쓰기가 교사의 하루 업무 중 하나로 시작하지만 저널쓰기가 매일의 과제처럼 여겨져서는 안 된다. 즉, 저널쓰기의 목적과 행위를 혼돈하지 말아야 한다. 얼마나 많이, 자주 쓰는가에 너무 매달리면 쓰고 싶고, 오랫동안 쓰려고 하는 의지가 생기지 않는다. 저널쓰기 지도에서 성공은 교사 스스로가 자주 쓰기를 원해야 하고 쓰는 것을 즐길 수 있도록 돕는 것이다. 다시 말해, 교사가 저널쓰기의 의미를 알고 쓰게 하는 것이다. 또 교사들의 일상에서도 바쁜 일과가 있으면 조용한 시간이 필요하듯 바쁜 시간이 부족해 저널쓰기가 희생되는 것도 안 되며 저널쓰기가 바쁜 시간을 희생시켜서도 안 된다. 자연의 균형처럼 자연스럽게 교사의 삶 안에 자리 잡도록 도와야 할 것이다. 그러므로 지도교사는 교사의 업무와 스트레스, 저널쓰기에 대한 개인적 생각 등을 세심하게 관찰하고 배려하는 지도가 필요하다.

7) 다시 읽기

자신의 저널을 다시 읽어보는 기회를 가지는 것은 교사의 발달을 돕는 또 하나의 방법이 될 수 있다. 자신의 저널을 다시 읽으며 교사는 자신의 성장과 변화를 체험하고 교사로 성장하기 위한 자신의 노력을 가치 있게 여기게 된다. 이는 전문가로서의 정체성을 찾아가는 좋은 기회가 될 수 있다. 또 지나간 저널 안에서 자신이 해석한 교육적 의미를 재평가하고 보다 발전된 교육적 해석이 가능할 수 있으며 다면적 사고가 가능해질 것이다. 지도교사의 피드백은 교사가 자신의 발전에 도움을 준 수고와 감사함을 느끼게 하고, 교사가 성장하여 지도교사의 역할을 할 기회에 좋은 모델이 되기도 할 것이다. 그러므로 지도교사는 종종 피드백을 통해 자신의 저널을 다시 읽을 것을 권유한다. 저널을 다시 읽고 난 후 저널쓰기는 교사의 인지를 초인지 상태의 글쓰기로 이끌 수 있으므로 매우 중요한 과정이 될 것이다.

8) 함께 읽기

저널쓰기는 교사의 개인적 내러티브의 기록이지만 그 이야기는 모든 교사들이 함께 나눌 수 있는 공동의 내러티브가 될 수 있다. 저널을 다시 읽으며 글 속에 담긴 의미를 새롭게 도출하듯 저널을 함께 읽는 것은 새로운 의미를 발견하는 공동의 지식구성에 대한 경험이 될 수 있을 것이다. 물론 공개하고자 하는 저널은 교사 개인의 허락이 반드시 필요하다. 이때 교사 스스로 선택할 수 있으며 때로는 지도교사가 함께 읽기 알맞은 저널을 선택해 허락을 구할 수 있다. 지도교사는 선택된 하나의 저널을 함께 읽으며 그 안에 담긴 이야기를 주제로 하여 토론을 이끈다. 자연스럽게 교사들의 공동체가 형성되고 그 안에서 서로 나누는 이야기들은 다면적 관점의 기회, 공감대 형성의 계기가 될 수 있으며 수업의 내용으로 토론이 될 경우 교육사례분석의 연구시간으로 이어질 수 있다.

9) 보 관

저널은 교사로서 자신의 성장을 기록한 것이며 그때마다 교사의 성숙과 발달만큼 의미를 찾아 충실히 부여한 흔적이다. 그러므로 교사 개인에게는 삶에 대한 끊임없는 반성이며 성장을 기록한 결과물이다. 저널은 한 권의 노트로 남을 수도 있으며 컴퓨터 안의 한 폴더로 보관될 수도 있다. 어떤 단위로 한 묶음이 되고 분류되는 것은 개인의 몫일 것이다. 분류 역시 개인의 의미 부여에 따라 나눌 수 있으며 때로는 선택된 저널들로 한 권의 포트폴리오로 보관하는 등 보관의 형식은 다양할 수 있다. 보관의 의미는 앞서 말한 것처럼 다시 읽고 함께 읽기 위한 자료일 수 있으며 다양한 교육사례 연구자료로 활용될 수 있을 것이다. 물론 개인에게는 교직자로서의 정체성과 전문성을 찾아주는 것이 보관의 중요한 의미이다.

CHAPTER 09

저널쓰기와 동료피드백의 실제

1. 저널쓰기와 동료피드백의 실제 1
2. 저널쓰기와 동료피드백의 실제 2
3. 저널쓰기와 동료피드백의 실제 3
4. 저널쓰기와 동료피드백의 실제 4
5. 저널쓰기와 동료피드백의 실제 5
6. 저널쓰기와 동료피드백의 실제 6
7. 저널쓰기 후 교사들의 느낀 점

CHAPTER 09

저널쓰기와 동료피드백의 실제

1. 저널쓰기와 동료피드백의 실제 1

1) 저널 : 편식을 하는 유아

밥을 잘 먹지 않는 ㅇㅇ 때문에 너무 고민이 된다. 학기 초에는 흰밥 이외에 모든 음식을 먹지 않았고, 2학기인 지금은 볶음밥과 고기반찬까지는 먹을 수 있다. 그 외의 반찬도 권유해 보고 유도해 보았지만 먹을 의지조차 없다. 게다가 밥을 입에 넣으면 삼키질 않고 입에 계속 물고 있다. 그래서 밥과 고기반찬만 먹는 데 1시간 이상이 걸린다. 부모님과 상담을 해보니 집에서는 양념이 된 고기, 볶음밥조차도 먹지 않는다고 한다. 부모님께서도 ㅇㅇ에게 먹어보라고 권유는 하지만 ㅇㅇ가 먹기 싫다고 이야기하면 무조건적으로 수용하시는 편이다. ㅇㅇ에게 다른 유아들이 잘 먹는 모습을 보여주거나 음식을 골고루 먹는 기본생활습관 교육을 진행해도 별다른 반응이 없다. 원에서 권유를 해보아도 먹지 않고, 가정에서도 연계가 잘되지 않으니 ㅇㅇ에게 어떻게 도움을 주어야 골고루 먹을 수 있을까 하는 고민이 된다.

2) 동료피드백

A교사 : 아이들 식습관 지도가 가장 어려운 것 같아요. 올바른 식습관을 형성해 주기 위해 칭찬도 해보고 격려도 해보고 다양한 방법을 시도하지만 아이들에게 딱 맞는 방법을 찾기가 어렵지요. ㅇㅇ의 경우, 원에서의 노력도 중요하지만 가정에서의 노력도 매우 중요한 듯 보입니다. 올바른 성장을 위해 식습관 형성은 필수적인 요소인 만큼 가정과 연계하여 아주 적은 양이라도 맛볼 수 있도록 지도하거나 10까지 숫자를 세며 씹은 후에 삼키도록 지도하는 등의 방법을 동일하게 적용해 보는 것은 어떨까요? ㅇㅇ가 올바른 식습관을 형성하는 날까지 화이팅합시다!

B교사 : 잘 먹지 않는 유아를 지도하느라 많이 힘드시겠어요. 간혹 밥을 늦게까지 먹는 모습을 보긴 했는데 삼키지 않고 계속 물고 있는 줄은 몰랐네요. 기본생활습관에 대한 지도는 무엇보다 가정과의 연계가 중요합니다. ㅇㅇ의 부모님께서 지금은 ㅇㅇ에게 수용적인 태도를 보여주신다고 하는데 식습관 지도에 대해 이야기 나누며 가정에서도 연계교육이 이루어질 수 있도록 상담해 보는 건 어떨까요?

3) 피드백 후 적용

ㅇㅇ가 모든 음식에 대해 수용적인 자세는 아니었지만 그나마 맛이 강하지 않은 음식을 위주로 권유해 보았더니 처음에는 거부했지만 ㅇㅇ에게 할 수 있다고 용기를 주니 먹으려고 노력하더라고요. 먹고 바로 뱉은 음식이 대부분이었지만 ㅇㅇ에게 “ㅇㅇ야, 이 음식은 이런 맛이야. ㅇㅇ가 조금이라도 맛을 보았다는 것이 중요한 거야. 너무 잘했어.”라는 칭찬을 함께하니 ㅇㅇ도 집에서 어

머님께 야채를 먹었다고 이야기했더라고요. 그리고 오래 씹는 것도 걱정이라 10까지 숫자를 세며 먹여보니 입에 물고 있는 시간이 줄었어요. 어머님과도 함께 노력하기로 이야기 나누었답니다.

2. 저널쓰기와 동료피드백의 실제 2

1) 저널 : 교사 몰래 친구를 불편하게 유아

요즘 들어 아이들 입에서 ㅇㅇ이의 이름이 많이 나온다. 'ㅇㅇ이가 밀었어요', 'ㅇㅇ이가 때렸어요' 등과 같이 ㅇㅇ이로 인해 불편하다는 유아들이 많아지면서 고민이 많아진다. 내가 보고 있을 때는 누구보다 친구들과 사이좋게 놀이한다. 그렇지만 내가 다른 유아와 함께 다른 활동을 할 때나 간식, 점심 바구니를 가져다 놓는 그 사이에 친구들을 불편하게 하는 것 같다. ㅇㅇ이에게 단호하게 이야기를 하면 수긍하고 인정하며 친구에게 진심으로 사과를 한다. 그러나 시간이 얼마 지나지 않아 또 다른 유아의 입에서 ㅇㅇ이의 이름이 나온다. ㅇㅇ이 아버님께서는 ㅇㅇ이의 행동에 수용적인 자세로 모두 이해하고, 괜찮다고 하신다. 평소 부모상담을 통해 아버님께 ㅇㅇ이가 친구를 불편하게 하는 상황이 반복되다 보면 다른 유아가 다칠 수도 있으니 단호한 훈육을 부탁드렸지만 달라지는 게 없는 것 같다. 어떻게 해야 할지 고민이 많아진다.

2) 동료피드백

A교사 : 제가 지나가며 관찰한 ㅇㅇ이는 활동성이 참 많고 친구들에게 관심이 많은 아이인 것 같아요. 그만큼 행동이 크게 표현되는 것은 아닐까

하는 생각이 들게 됩니다. 교사가 자리를 비운 상황에 친구들을 불편하게 한다면 상황을 완전하게 파악할 수 없어 더욱 속상할 것 같아요. ㅇㅇ이가 친구들을 불편하게 하는 상황이나 행동이 가정에서는 보이지 않는 걸까요? 가정과 연계하여 ㅇㅇ가 동일한 행동이나 모습을 보이지는 않는지, 반복되어 관찰되는 문제행동은 안전을 위해 단호하게 지도해야 함을 전달하고 원에서의 훈육 방법과 가정에서의 훈육 방법을 동일하게 진행하는 것이 문제행동 개선에 도움이 될 듯합니다.

B교사 : 활동시간, 정리시간에는 누구보다 열심히 하는 ㅇㅇ이인데 친구들과 놀이할 때는 친구들을 불편하게 하는 모습이 있군요. 혹시 어떠한 상황에서 친구들이 ㅇㅇ이의 이름을 많이 이야기하며, 어떠한 상황에서 ㅇㅇ이가 친구들에게 불편함을 주는 걸까요? 반복적인 상황이 계속된다면 담임교사로서 아이들의 놀이를 세심히 관찰하고 아이들과 이야기를 나누며 사이좋게, 안전하게 놀이할 수 있도록 지도하는 것이 좋을 것 같아요. 원에서 보이는 행동들이 가정에서는 보이지 않는지 이야기를 나누어보며 훈육 방법에 대해 상담을 진행해 보는 것은 어떨까요?

3) 피드백 후 적용

ㅇㅇ이가 평소에 가정에서도 동생을 때리거나 하는 행동을 보인다고 했어요. 저도 원에서 ㅇㅇ이에게 다칠 수도 있다는 점과 친구의 속상한 마음을 더 잘 전달해서 이러한 행동이 반복되지 않도록 단호하게 지도하고 있어요. 아버님과의 상담을 통해 아버님께서도 마음이 속상하시겠지만 안전을 위해 가정에서도 단호한 지도를 부탁드린다고 전달드렸답니다.

3. 저널쓰기와 동료피드백의 실제 3

1) 저널 : 유아의 말을 전적으로 믿는 학부모

오늘 ○○ 아버님께서 키즈노트 알림장을 보내셨다. "○○ 오늘 이마 다쳤나요?" 나는 무슨 일이 있었나 하며 별 생각이 다 들었다. ○○는 중국에서 온 친구라 의사표현을 하는 데 어려움을 많이 느낀다. 그래서 아버님이 ○○에 대한 걱정이 너무나도 많으신 편이다. 학기 초에는 아버님께서 ○○ 몸에 조그맣게 멍이 들었다며 "멍이 왜 들었나요? 누가 때린 거 아닌가요? CCTV 확인할 수 있나요?"라는 말을 하셨고, 나는 온종일 CCTV만 확인했었다. CCTV를 확인했을 때 ○○가 다칠만한 상황은 없었다. 그래서 나도 너무 답답했다. 나는 매일 ○○가 하원하기 전 ○○의 온몸을 확인하는 게 일상이 되었고, ○○에게 아픈 곳이 있는지 늘 질문을 해야만 했다. 오늘도 ○○ 아버님께서 보내신 알림장을 확인하고 심장이 덜컥 가라앉았다. 아버님과 차량 선생님께 바로 연락드려서 여쭤보니 하원할 때 차량에서 내리면서 부딪히는 일이 있었다고 하셨다. 매번 ○○ 아버님께서 보내시는 알림장 하나에 불안함을 느끼게 되고, 내가 믿음을 주지 못하는 게 문제인 것일까 하는 생각이 들면서 자책하게 되는 것 같다. 나는 도대체 어떻게까지 해야 하는 것일까 하는 고민이 된다.

2) 동료피드백

A교사 : 선생님께서 ○○를 많이 사랑하고 예뻐하시는 마음이 있기에 더욱이 속상하고 자책하게 되는 것 같아요. 그렇지만 절대 선생님의 잘못이 아니라고 말하고 싶네요. 많은 아이들과 생활하며 교사는 참 많은 일

을 해내야 하는 것 같아요. 즐거운 놀이 상황 속에서 아이들도 모르는 사이에 부딪히거나 확인할 수 없는 상황이 있기도 한데 말이죠. 특히 ○○의 경우, 자신이 다친 상황이나 명확한 의사 전달, 설명이 어렵기 때문에 그럴 수도 있을 것 같아요. 매일 ○○의 상태를 확인하는 것이 어려울 수 있지만 아버님께서 궁금해하시는 질문들에 정확한 답을 드리기 위해 좀 더 자주 관찰하고 자주 상담을 진행하는 것이 가장 좋은 방법이 될 듯합니다. 늘 응원합니다!

B교사 : 아버님께서 선생님의 이야기를 잘 믿어주지 않으시는 것 같아 선생님께서 많이 속상하시겠어요. ○○가 의사표현하는 데 어려움도 있고 원 생활이 처음이다 보니 아버님께서도 걱정이 많으신 것 같아요. 요즘 제가 보는 ○○는 친구들과도 잘 놀이하고 선생님도 많이 좋아하고 언어표현도 전보다 많이 늘었어요. 힘드시겠지만 선생님과 부모님의 꾸준한 연락을 통해 라포 형성이 잘 이루어진다면 아버님께서도 ○○의 원 생활을 알고 선생님을 더 믿지 않으실까 싶어요. 남은 기간 동안 파이팅입니다!

3) 피드백 후 적용

저도 ○○의 표현이 전보다는 확실히 늘고 아버님도 이러한 부분에 대해서는 감사하다고 이야기하시더라고요. ○○가 조금이라도 다치는 부분에 걱정도 많으시고 해서 평소에 제가 조금 더 ○○를 많이 관찰하고, 아버님과도 소통을 더 많이 해보니 전보다는 확실히 더 저를 믿으시는 것 같아요. 앞으로도 꾸준한 소통이 중요할 것 같네요.

4. 저널쓰기와 동료피드백의 실제 4

1) 저널쓰기 : 식사량이 줄어든 유아

급식실에서 ○○이가 자신의 식판에 음식을 담다가 눈물을 보인다. 왜 우냐고 묻자 대답하지 않고 가만히 서 있어 잠시 앉아서 진정할 수 있도록 하였다. 다른 아이들이 배식을 마친 후 식사를 시작하였다. ○○이는 눈물을 멈춘 후 손톱을 뜯으며 앉아있었다. “배 안 고파?”라고 묻자 고개를 끄덕였다. “먹을 수 있는 만큼만 가져가서 먹어보자”라고 말하자 나물 반찬을 제외한 다른 음식을 담아 식사를 시작하였다. 음식을 입안에 넣은 후 한참 동안 씹은 후 삼킨다. 다른 유아들이 식사를 마친 후 식판을 정리하자 ○○이의 표정이 어두워진다. 식판에는 음식들이 남아있다. ○○이에게 다가가자 울먹이며 “못 먹겠어요 선생님”이라고 말했다. 처음에는 1학기 때보다 점심시간이 빨라져 적응하지 못해 식사량이 줄어든 것이라고 생각했다. 하지만 2학기가 시작되고 거의 매일 점심시간에 눈물을 보이며 밥을 먹는 날이 많다.

2) 동료피드백

A교사 : 선생님 아이가 밥을 먹지 않아 걱정이 많으시겠어요. 저희 반에도 편식이 심한 친구가 있는데 저도 아이가 밥을 잘 먹을 수 있도록 다양한 시도를 해본 적이 있어요. 가장 효과가 좋았던 것은 저희 원은 자율배식을 하고 있기 때문에 일단 아이에게 자신이 좋아하는 것을 우선 담아보라고 이야기하고 밥과 국물도 친구가 원하는 만큼만 주어 식사 후에는 칭찬을 많이 해주었어요. 먹기 힘들어하는 날이면 “○○

이가 오늘은 다 먹기가 힘들구나. 내일은 우리 다 먹어보자"라고 말하며 긍정적인 이야기를 함께 나누었어요.

B교사 : 저희 반 친구들도 대부분은 편식을 안 하는 편인데 2명의 친구가 힘들어한 적이 있어요. 고민을 하다가 예전에 책에서 본 '음식도감' 활동을 진행했어요. '음식도감'은 포켓몬스터 스티커 도감처럼 우리 반 친구들끼리 점심시간에 '도전반찬'을 정하여 '도전반찬'을 우리 반 친구가 모두 먹으면 '음식도감'에 스티커를 모으는 거예요. 스티커를 모두 모으면 친구들이 원하는 놀이, 작은 선물을 통해 보상해 주는 활동이었어요. 초반에는 편식을 하던 친구들이 힘들어하였지만 주변의 친구들이 "힘내, 오늘 못 먹으면 내일은 먹으면 되지, 괜찮아"라고 말하며 서로를 응원하고 격려하는 모습도 보이더라고요. 친구들의 응원을 들은 친구들은 조금이라도 먹어보려 노력하는 모습을 보였어요. 한 가지의 활동으로 유아의 편식지도, 아이들이 친구를 응원하고 배려하는 모습도 발견할 수 있었어요. 선생님께서도 한번 해보시면 좋을 것 같아요.

3) 피드백 후 적용

유아 스스로 건강을 위해서 음식을 먹을 수 있도록 격려하는 것이 필요하고, 가정과의 연계를 통해서 아이의 식습관에 대해 자세히 알아보고 원과 가정에서 일관성 있는 지도를 해야 한다고 생각하게 되었어요. 또한 음식도감 활동을 계획하여 아이들이 먹는 즐거움을 느끼며 올바른 식습관을 형성할 수 있도록 도와주는 교사가 되어야겠다고 다짐하였답니다.

5. 저널쓰기와 동료피드백의 실제 5

1) 저널쓰기 : 색종이 접기 활동 시 우는 유아

가을을 맞이하여 가을 열매, 날씨에 대해 알아본 후 색종이 접기 활동으로 가을 열매인 밤을 접기로 하였다. 종이 접는 순서가 간단하다고 생각했다. 유아들이 동그랗게 앉아 교사를 바라보고 순서대로 종이를 접기 시작했다. ㅇㅇ이가 교사를 따라 첫 번째 순서대로 반을 접어 네모 모양으로 만든 후 머리 위에 올린다. 두 번째 순서에 종이를 접어야 하는 순간 다른 친구들이 종이를 접는 모습을 보며 주변을 두리번거린다. 눈에 눈물이 고이며 옆에 앉은 친구에게 "도와줘"라고 말하자 친구가 대신 종이를 접어준 후 다시 ㅇㅇ이에게 종이를 건네어 주었다. ㅇㅇ이가 눈물을 흘리며 종이를 받자 다른 유아가 "ㅇㅇ이 울어요"라고 교사에게 말했다. "ㅇㅇ이 종이접기가 어려우면 선생님이 도와줄게요. 걱정하지 마요"라고 말하자 "네"라고 대답하며 눈물을 흘렸다. 종이접기 마지막 순서에 ㅇㅇ이는 종이접기를 멈추고 울고 있었다. 지난 시간에도 이런 적이 있어 반복되는 상황에 어떻게 하면 좋을지 고민이 되었다.

2) 동료피드백

A교사 : 아마 불안해서 우는 듯하니 종이접기 활동을 할 때 잘하는 친구 옆에 앉아 도움을 받을 수 있도록 하는 것은 어떨까요? 또는 아이들이 모둠 자리에 모여 앉아서 서로 도와주면서 활동할 수 있도록 하는 것도 좋을 거 같아요. 불안감이 높은 친구일수록 옆에 나를 도와주는 편안한 친구가 있다는 것이 심리적으로 도움이 될 거라고 생각해요.

B교사 : 불안한 마음이 울음으로 표현되는 것 같네요. 불안함을 느낄 때는 주변의 소리가 잘 들리지 않고 당황스러운 마음에 눈물을 보이는 친구들이 있더라고요. 그럴 때는 다그치기보다는 마음을 안정시킨 후 활동을 해보는 것이 좋을 것 같아요. 또 평소에 미술영역에 종이접기 순서도나 책을 활용하여 아이가 접할 수 있도록 하여 종이접기에 대한 두려움을 감소시켜 주는 것도 방법이라고 생각해요.

3) 피드백 후 적용

유아와 종이접기 활동 전 사전에 도움이 필요할 때는 교사가 도와줄 수 있다는 것을 이야기 나누는 것이 좋을 것 같아요. 또 아이가 불안함을 느끼는 것을 발견했을 때 아이의 마음을 이해하고 스스로 종이를 접을 수 있도록 도와주어야겠다는 생각과 종이접기를 친숙하게 느낄 수 있도록 종이접기 책과 자료를 미술영역에 배치하여 활동할 수 있도록 해야겠다는 생각을 하였답니다.

6. 저널쓰기와 동료피드백의 실제 6

1) 저널쓰기 : 입안에서 계속 무언가를 씹는 유아

ㅇㅇ이가 놀이 중 입을 오물오물하는 듯한 모습을 보여 ㅇㅇ이를 불러 눈을 마주쳤다. ㅇㅇ이가 눈이 커지며 놀라 입안에서 무언가를 빼내었다. 가까이 다가가서 보니 여러 겹으로 붙여진 테이프였다. 입안에서 뺀 것을 쓰레기통에 버리게 한 후 손을 닦고 올 수 있도록 하였다. 마주 보고 앉아 테이프를 왜 씹었냐고 묻자 아무 말도 하지 않는다. 먹는 것이 아닌 다른 것을 씹다가 이가 상할

수도 있고 무엇보다도 실수로 삼키게 된다면 더욱 위험하다는 것에 대해 이야기하였다. 이런 일이 자주 일어나고 있어 고민이 되었다.

2) 동료피드백

A교사 : 선생님 ○○이 걱정 많이 되시겠어요. 무언가를 계속 씹는다는 것은 다른 욕구가 해결되지 않아서 그것을 채우려고 하는 것일 수도 있겠네요. ○○이가 평소에 식사량은 어떤가요? ○○이의 욕구를 다른 것으로 해소할 수 있도록 방법을 함께 찾아보는 것이 좋을 것 같아요. 또 그런 행동을 보였을 때 다른 것으로 전환할 수 있도록 도움을 주는 것이 좋겠네요.

B교사 : ○○이가 가정에서도 똑같은 행동을 보인다고 하나요? 구강 예민도가 높으면 그럴 수도 있다고 하네요. 부모님과 상의하여 병원의 도움을 받는 것도 좋을 것 같아요. 또한 입에 무언가를 넣고 싶을 때 대체할 수 있는 다른 것을 씹을 수 있도록 하는 것도 방법이라고 생각해요. 원에서 선생님께서 아이의 행동을 계속 확인하고 가정과 연계하여 개선될 수 있었으면 좋겠네요.

3) 피드백 후 적용

유아를 자세히 관찰하고 무언가를 씹는 빈도를 확인하는 것이 중요한 것 같아요. 그 후 아이의 상황을 이해하고 가정과의 지속적인 소통을 통해 유아의 욕구를 해소할 수 있도록 도움을 주며 씹는 행동이 아닌 다른 행동으로 전환할 수 있도록 방법을 찾아야겠다고 생각하였답니다.

7. 저널쓰기 후 교사들의 느낀 점

1) 교사 1

유치원에 근무하면서 다양한 성향의 아이들과 학부모님들, 동료교사를 마주하기 때문에 매일매일이 새롭게 느껴지고 하루에 즐겁고 화나고 속상하기도 한 일들을 겪기도 했습니다. 그러면서도 아이들에게는 편안하고 안정적인 교사의 모습을 보여야 했기 때문에 혼자 고민하거나 스트레스를 받는 일도 잦았던 것 같습니다.

이번 기회를 통해 저널을 작성하면서 하루 일과를 정리해 보고, 스스로의 감정을 돌아보며 제가 느낀 감정이나 일들을 솔직하게 담아볼 수 있었고 이것을 혼자 간직하는 것이 아닌 동료교사들과 공유하면서 서로의 이야기를 공감하고 응원하기도 하고 아이들을 지도하는 좋은 방법을 제시해 주기도 하고 잘못된 방향을 바로잡아주기도 하는 등 굉장한 도움이 된다는 것을 깨달았던 것 같습니다.

무엇보다도 한 반의 담임교사로서 우리 반의 아이들을 책임져야 한다는 책임감에서 문제상황을 혼자 해결해야 한다는 부담감으로 나아갔었는데, 저널 작성을 통해 혼자가 아닌 교육자로서 공통의 문제를 함께 고민하고 노력해 가는 동료교사의 필요성과 중요성을 다시 한번 인식할 수 있었던 기회가 되었습니다.

꾸준히 저널을 작성하며 교사들과 함께 생각하고 더 좋은 교사로 나아가도록 노력하는 자세를 지니도록 해야겠습니다.

2) 교사 2

처음에 저널쓰기라는 것을 어떻게 작성해야 하는지에 대한 고민이 많았습니다. 교수님의 강의를 듣다 보면서 저널을 쓰는 것이 나에게 도움이 될 수도 있겠다는 생각을 하게 되었고, 이번 과제를 준비하면서 제가 원에서 생활하면서 걱정되는 부분이나 고민되는 부분을 솔직한 마음으로 작성해 보니 하루를 되돌아보게 되고, 저의 고민이나 걱정들을 진지하게 생각해 보는 시간을 가질 수 있었습니다. 또한 걱정과 고민을 혼자서만 해결하는 것이 아니라 실제 동료교사들에게 저널 피드백을 받으면서 다양한 사람들의 생각과 의견을 들어보고, 적용해 볼 수 있었습니다. 앞으로도 저널 쓰는 습관을 길러보자고 다짐하게 되는 시간이었습니다.

3) 교사 3

처음 저널을 써야 할 때는 어떻게 써야 할지 막막한 마음이었습니다. 저널쓰기를 하며 저의 일상 속에서 교육적인 이론을 찾아서 분석 후 해결해 나아가야 한다는 것에 어려움을 느꼈지만 교수님의 강의를 통해 저널쓰기 방법과 활용에 대해 알 수 있었습니다. 또한 동료교사들과 저의 저널, 고민을 나누며 제가 생각하지 못했던 구체적인 해결방안에 대해 알아볼 수 있었습니다. 이 시간을 통해 우리 아이들의 교육에 큰 도움이 될 수 있을 거라고 생각했습니다. 이번 활동이 끝이 아닌 꾸준한 저널쓰기를 통해 제자리에 멈춰 있지 않고 교사로서 스스로를 되돌아보고 개선하며 앞으로 나아가는 교사가 되어야겠다는 생각을 하였습니다. 감사합니다.

4) 교사 4

초임교사로서 저의 유치원 생활에서 발생했던 사건, 사고 등을 저널로 남겨 보고 그것을 읽고 피드백을 받으며 점점 교사로서 부족한 부분을 채우며 발전해 가는 것이 스스로 느껴져서 스스로에 대한 뿌듯함을 많이 느꼈던 것 같습니다.

또 저의 부족한 부분들을 동료 선생님들의 피드백과 정말 많은 도움 덕분에 성장할 수 있었다는 것을 다시 한번 생각하게 되었던 경험이었습니다. 저널을 통해 앞날의 저보다 지금의 제가 더 발전할 것처럼 지금의 부족한 부분도 보완하며 성장할 수 있는 교사가 되고 싶습니다.

5) 교사 5

처음 저널쓰기를 생각할 때 막막하다는 생각이 들었습니다. 저널이 무엇인지 감이 안 잡히고 평소 일기를 쓰지 않아서 막연히 어려운 것이라 생각했습니다. 하지만 강의와 여러 예시, 저널에 대해 알아갈수록 저널쓰기가 어렵게 느껴지지 않았습니다. 아직 부족한 것이 많지만 저널쓰기를 통해 교사로서 조금 성장한 것 같다는 생각이 들었습니다. 평소에는 '오늘은 이런 일이 있어서 힘들다'라고 생각만 했다면 저널을 써내려 가며 그때의 감정을 다시 생각해 보고 되돌아볼 수 있었습니다. 유아의 문제행동지도와 관련된 저널을 쓸 때는 '어떻게 지도하는 게 올바른 방법이었을까?' 하고 유아를 위한 지도방법을 한 번 더 생각해 볼 수 있었습니다. 또 저의 저널을 동료교사의 피드백을 받으며 초임교사로서 어려웠던 부분, 힘든 부분을 위로받았고 제가 생각하지 못한 지도방법, 해결방법을 얻을 수 있었습니다. 교사생활을 하며 꾸준히 저널을 작성한다면 저를 되돌아볼 수 있고 교사로 더욱 성장할 수 있는 기회가 될 것이라 생각합니다. 또 어려운 점이 있을 때 저널을 작성해 부장선생님이나 동료교사의 피드백을 받는다면 유아에게 도움이 되는 지도방법을 찾아 더 올바른 방법으로 유아를 지도할 수 있을 것이라고 생각합니다. 유아교육현장에서 교사로서의 역량강화를 위해 저널쓰기는 필요하다 생각이 들었습니다.

부 록

부록 1. 교사의 교육신념 유형분석을 위한 도구
부록 2. 수업 참관록
부록 3. 교사의 자기평가도구
부록 4. 동료장학(수업공개) 실시 후 평가도구
부록 5. 자기장학 실시 후 평가도구
부록 6. 상호작용과 교수법 관찰 및 지도
부록 7. 교사의 연구과제 발표
부록 8. 담임교사 평가서
부록 9. 담임교사 평가서(자기평가)
부록 10. 담임교사 평가서(동료평가)
부록 11. 자기기술 평가서
부록 12. 교직원 면담자료
부록 13. 원내 자율장학 계획 예시(경기도교육청)
부록 14. 유치원 학교 안 전문적 학습공동체 계획 예시(경기도교육청)
부록 15. 동료장학을 위한 수업 나눔 계획 예시(경기도교육청)

부록 1. 교사의 교육신념 유형분석을 위한 도구

1. 교사는 일과활동 중 유아 상호 간의 협동과 활동을 주로 강조하여 계획해야 한다.	1	2	3	4	5
2. 교실환경과 교수법은 유아 상호 간 갈등을 피하도록 조직되어야 한다.	1	2	3	4	5
3. 유아에게 한계 안에서의 자유를 주어야 한다.	1	2	3	4	5
4. 학급에서 유아가 자발적으로 활동하는 것은 혼란을 초래하기 쉽다.	1	2	3	4	5
5. 벌이나 칭찬은 오히려 타율성을 길러줄 수 있으므로 활동 자체의 흥미에 의해 유아가 활동하도록 해야 한다.	1	2	3	4	5
6. 일일공부, 시험지, 연습지는 유아교육에서 유용한 것이다.	1	2	3	4	5
7. 교사는 유아의 상호작용자로서보다 유아의 관찰자로서의 역할에 더 비중을 두어야 한다.	1	2	3	4	5
8. 훈련과 연습은 유아에게 읽기교육을 시키는 데 중요하다.	1	2	3	4	5
9. 유아의 학습은 주로 교사의 직접적인 교수방법이 훌륭한가에 달려 있다.	1	2	3	4	5
10. 도덕은 시대와 문화에 따라 변하므로 사회의 도덕을 강요하지 말아야 한다.	1	2	3	4	5
11. 유아교육의 주된 목적은 읽기, 쓰기, 셈하기 습득을 하는 데 두어야 한다.	1	2	3	4	5
12. 교사는 정해진 방법보다 유아 자신의 방식대로 자료나 시설을 사용하게 해야 한다.	1	2	3	4	5
13. 유아교육의 목적은 유아 스스로 지식을 구성하여 자율적 발달을 하도록 하는 것이다.	1	2	3	4	5
14. 교사는 유아의 본능적 욕구를 학급운영의 기본 요소로 기꺼이 받아들여야 한다.	1	2	3	4	5

15. 교사는 유아에게 지식이나 정보를 주로 말로 설명함으로 직접 가르쳐야 한다.	1	2	3	4	5
16. 칭찬, 관심, 사탕 등의 상으로 보상해 긍정적인 행동을 강화해야 한다.	1	2	3	4	5
17. 교사는 유아 스스로 실험하고 탐색하고 문제를 해결하는 상황을 제공해야 한다.	1	2	3	4	5
18. 교사는 정신건강을 위한 목표를 주요 관심사로 여겨야 한다.	1	2	3	4	5
19. 유아들은 천성적으로 선하다.	1	2	3	4	5
20. 교사는 유아가 무엇을 해냈는지의 결과보다 어떻게 작업하고 놀이하는지 과정에 더 관심을 두어야 한다.	1	2	3	4	5
21. 교사는 유아와의 관계에서 권위를 사용하는 것을 최소화해야 한다.	1	2	3	4	5
22. 모양과 색깔 학습은 유아교육에서 중요한 목적이다.	1	2	3	4	5
23. 인지발달과 사회도덕성 발달을 위해 그룹게임은 중요하다.	1	2	3	4	5
24. 교사는 유아의 정서적 문제해결의 방법으로 극놀이를 적극적으로 권장해야 한다.	1	2	3	4	5
25. 교육활동을 선정할 때 유아의 개인적 이유는 교사의 교육목적에 비해 부수적인 것이어야 한다.	1	2	3	4	5
26. 학급규칙은 유아들이 만들어야 한다.	1	2	3	4	5
27. 유아에게 의심, 불확실, 애매모호한 느낌을 주는 상황을 만들지 않아야 한다.	1	2	3	4	5
28. 교사가 유아를 도와주거나 지식과 정보를 알려주는 것은 유아가 절실하게 필요로 할 때 해야 한다.	1	2	3	4	5
29. 학급규칙은 교사에 의해 설정되어야 한다.	1	2	3	4	5
30. 교사는 유아의 대답이나 반응이 옳은 것이 아니어도 받아들여야 한다.	1	2	3	4	5

구 분	문항 번호
행동주의	4, 6, 8, 9, 11, 15, 16, 22, 25, 29
성숙주의	2, 7, 10, 14, 18, 19, 21, 24, 26, 27
상호작용주의	1, 3, 5, 12, 13, 17, 20, 23, 28, 30

부록 2. 수업 참관록

1. 수업일 : 년 월 일 요일
2. 활동주제 :
3. 수업연령 :
4. 수업자 :
5. 참관자 :

영 역	평가내용	평 점
활동계획	1. 학습목표를 구체적으로 진술했는가?	5 4 3 2 1
	2. 교육과정이 기본생활습관, 통합교육과정 운영에 적절한가?	5 4 3 2 1
	3. 활동내용은 유아의 흥미와 발달단계를 고려했는가?	5 4 3 2 1
	4. 집단의 크기 및 주도적 역할에 대한 사전계획은 있었는가?	5 4 3 2 1
교수기술	5. 개인차를 고려한 개별지도가 이루어지고 있는가?	5 4 3 2 1
	6. 교수언어가 적절하여 유아에게 친근감이 있는가?	5 4 3 2 1
	7. 유아들의 창의적 사고를 고려한 발문이 이루어지는가?	5 4 3 2 1
	8. 영역별로 교사와 유아 간 상호작용이 이루어지는가?	5 4 3 2 1
	9. 발표가 잘 이루어지는가?	5 4 3 2 1
자료활용	10. 자료를 적시에 투입 활용하는가?	5 4 3 2 1
	11. 구체적이고 실제적 경험을 제공하는 교육자료를 사용하는가?	5 4 3 2 1
	12. 흥미영역이 효율적으로 배치되었나?	5 4 3 2 1
	13. 교수활동에 적합한 자료를 적시에 제시하는가?	5 4 3 2 1
	14. 교육과정의 지역화에 관련지어 활용하는가?	5 4 3 2 1

목표 달성도	15. 학습과정이 적시에 평가되고 있는가?	5 4 3 2 1
	16. 학습목표 달성 여부의 확인을 통한 기록이 이루어지는가?	5 4 3 2 1
	17. 학습을 통한 행동의 변화를 개별적으로 분석 활용하는가?	5 4 3 2 1
	18. 교사는 목표달성을 위한 자체평가를 하는가?	5 4 3 2 1
시간운영	19. 지도 절차 및 시간 배분이 합리적인가?	5 4 3 2 1
	20. 개별화를 위한 순서가 적절히 이루어지는가?	5 4 3 2 1
종합의견	좋은 점 : 개선할 점 :	5 4 3 2 1

부록 3. 교사의 자기평가도구

1. 수업일 : 년 월 일 요일
2. 교사명 :
3. 평가자 :

영 역	평가내용	평 점
효과적 의사소통 하기	1. 동료와 효과적으로 의사소통하는가?	5 4 3 2 1
	2. 외부 전문가와 효과적으로 의사소통하는가?	5 4 3 2 1
	3. 학부모와 효과적으로 의사소통하는가?	5 4 3 2 1
	4. 영유아와 효과적으로 의사소통하는가?	5 4 3 2 1
	5. 장학담당자와 효과적으로 의사소통하는가?	5 4 3 2 1
자신감 갖기	1. 영유아와 활동할 때 편안함을 느끼는가?	5 4 3 2 1
	2. 부모와 대화할 때 편안함을 느끼는가?	5 4 3 2 1
	3. 자신이 영유아를 보호할 능력이 있다고 생각하는가?	5 4 3 2 1
	4. 교사 회의 시 회의에 활발히 참여하는가?	5 4 3 2 1
	5. 유치원에 갈등이 있다면 이를 해결하고자 노력하는가?	5 4 3 2 1
	6. 쉽게 다른 전문가와 상호작용하는가?	5 4 3 2 1
	7. 독립성과 적극성을 보이는가?	5 4 3 2 1
	8. 자신의 판단을 존중하는가?	5 4 3 2 1
	9. 변화에 대처할 능력이 있는가?	5 4 3 2 1
영유아 이해하기	1. 영유아에 대해 적절한 기대를 하고 있는가?	5 4 3 2 1
	2. 영유아의 다양한 발달단계를 이해하는가?	5 4 3 2 1
	3. 영유아의 개인적 요구에 민감한가?	5 4 3 2 1
	4. 훌륭한 관찰기술을 가지고 있는가?	5 4 3 2 1
	5. 사회성, 인지, 정서, 신체 발달 간 연관성을 이해하는가?	5 4 3 2 1
	6. 영유아의 성장, 발달에 여러 요인이 영향을 미친다는 것을 이해하는가?	5 4 3 2 1

자기자신 이해하기	1. 자신에 대해 반성적이며 분석적인가?	5 4 3 2 1
	2. 자신이 학습자로서의 입장에도 있음을 이해하는가?	5 4 3 2 1
	3. 개인적 문제에 스스로 대처하고 해결하려고 노력하는가?	5 4 3 2 1
	4. 영유아의 위기에 대처하고 그 위기를 해결할 수 있는가?	5 4 3 2 1
	5. 자아존중감을 가지고 있으며 자신을 유치원 운영의 중요한 부분으로 생각하고 있는가?	5 4 3 2 1
다른 사람 존중하기	1. 출신 · 성장 배경 및 사회경제적 배경이 다른 사람(영유아, 부모, 동료)을 잘 이해하는가?	5 4 3 2 1
	2. 동료의 입장을 잘 이해하고 지지하는가?	5 4 3 2 1
	3. 다른 사람의 의견과 느낌을 존중하는가?	5 4 3 2 1
전문적 성장에서의 만족	1. 어려운 일을 성취하고 만족감을 느끼는가?	5 4 3 2 1
	2. 전문가 단체와 협의 등에 참석하는가?	5 4 3 2 1
	3. 동료 간 협동적 활동을 하는가?	5 4 3 2 1
	4. 새로운 프로그램을 계획하고 추진하기를 좋아하는가?	5 4 3 2 1
	5. 새로운 역할과 책임을 기꺼이 맡고자 하는가?	5 4 3 2 1
학습관 갖기	1. 장학담당자나 동료와 구별되는 자기 나름의 학습관을 가지고 있는가?	5 4 3 2 1
	2. 확고하고 발전된 교육관을 갖고 있는가?	5 4 3 2 1
적절한 장학 평가하기	1. 적절한 지도 · 조언이 주어지지 않을 때 장학활동에 관련해 자신의 생각을 표현할 수 있는가?	5 4 3 2 1
	2. 장학담당자가 가져야 하는 자질에 대해 적절한 의견을 가지고 있는가?	5 4 3 2 1
	3. 장학활동에 대해 높은 기대를 가지고 있는가?	5 4 3 2 1
넓은 관점 가지기	1. 전반적 프로그램 및 지역사회와의 관계 속에서 자신의 위치와 자신의 하는 일을 파악하고 있는가?	5 4 3 2 1
	2. 자신의 직업에 대해 충실하며 중요성을 부여하고 있는가?	5 4 3 2 1
	3. 영유아, 가족, 지역사회와 유아교육 프로그램을 상호 유기적으로 연관된 것으로 보고 있는가?	5 4 3 2 1

부록 4. 동료장학(수업공개) 실시 후 평가도구

영역		놀이주제		월, 주	
목표					
일시		대상		평가자	

평가내용	평 점				
	5	4	3	2	1
1. 주제의 선정이 영유아에게 적합했나?					
2. 목표는 영유아의 수준에 맞게 세워졌는가?					
3. 교사의 언어와 태도가 바람직했는가?					
4. 교사의 질문이 개방적이었나?					
5. 수업기술을 위해 사전에 교재연구를 하였는가?					
6. 동료장학을 위해 자기연수를 하였는가?					
7. 동료장학 시 지적사항을 시정하려고 노력하였는가?					
8. 동료교사와 수업관찰에 대해 객관적 자료를 갖고 협의하였는가?					
9. 동료교사 사이에 인간관계를 위해 노력하였나?					
10. 분석 평가된 자료를 자기수업에 반영하였나?					
11. 자료가 주제에 적합하게 제작되었는가?					
12. 동료장학을 실시한 후 좋았던 점은?					
13. 동료장학을 실시한 후 개선이 요구되는 점은?					

부록 5. 자기장학 실시 후 평가도구

영역		놀이주제		월, 주				
목표								
일시		대상		평가자				
평가내용				평 점				
				5	4	3	2	1
1. 주제의 선정이 영유아에게 적합했나?								
2. 목표는 영유아의 수준에 맞게 세워졌는가?								
3. 교사의 언어와 태도가 분명했는가?								
4. 교사의 질문이 개방적이었나?								
5. 영유아가 흥미 있게 활동에 임했는가?								
6. 교사의 태도가 영유아에게 친근감을 주었는가?								
7. 자기수업을 녹음 · 녹화하여 반성한 후 피드백 자료로 활용하였는가?								
8. 자기 지향적 연수활동을 꾸준히 실시하였나?								
9. 자기평가 자체가 잘 운영되고 있는가?								
10. 수업기술 향상을 위해 교재연구를 하였나?								
11. 자료가 주제에 적합하게 제작되었는가?								
12. 자기수업 반성을 실시한 후 좋았던 점은?								
13. 자기수업 반성을 실시하는 데 아쉬웠던 점은?								

부록 6. 상호작용과 교수법 관찰 및 지도

<table>
<tr><td>관찰일시</td><td></td><td>관찰자</td><td colspan="3"></td></tr>
<tr><td>교사명</td><td></td><td>담당 반</td><td colspan="3"></td></tr>
<tr><td>활동내용</td><td colspan="5"></td></tr>
<tr><td colspan="6">관찰내용</td></tr>
<tr><td colspan="2">관찰항목</td><td>그렇지 않다</td><td>가끔 그렇다</td><td>꾸준히 그렇다</td><td>해당 없다</td></tr>
<tr><td colspan="2">1. 영유아를 존중하고 평등하게 대한다.</td><td></td><td></td><td></td><td></td></tr>
<tr><td colspan="6">개별 영유아에게 관심을 가지고 그들을 주의 깊게 관찰하며, 대화를 나눌 때 눈높이를 맞추고 따뜻하고 즐거운 표정으로 이야기를 나눈다.</td></tr>
<tr><td colspan="6">보육교사가 영유아의 이름을 부드럽게 불러주는 것은 영유아를 존중하는 기본 태도이므로, 항상 영유아의 이름을 불러준다.</td></tr>
<tr><td colspan="6">보육교사는 영유아가 자신의 생각을 표현할 기회를 주고, 그들의 이야기를 주의 깊게 들어 주며 대화를 일방적으로 이끌지 않는다.</td></tr>
<tr><td colspan="6">보육교사는 영유아의 성별, 종교, 사회경제적 배경 등에 관계없이 영유아를 평등하게 대한다.</td></tr>
<tr><td colspan="6">영아(0~1세, 2세) : 보육교사는 영아의 발달수준에 맞는 의사소통 방법을 찾아내고, 영아가 말놀이나 신체적 접촉 등을 통해 개별적인 관심을 보이면, 영아의 불완전한 말을 이해하기 위해 주의 깊게 듣는다.</td></tr>
<tr><td colspan="6">영유아에게 거칠게 대하거나 강압적인 억양으로 말하지 않는다.</td></tr>
<tr><td colspan="6">영유아의 이름을 부르지 않고 반복적으로 ‘야, 너, 얘’ 등으로 위압적으로 부르지 않는다.</td></tr>
<tr><td colspan="6">영유아의 의사표현을 무시하거나, 어떤 유아의 특정 행동을 다른 영유아 앞에서 부정적인 예로 지적하지 않는다.</td></tr>
<tr><td colspan="6">영유아의 행동이나 상황에 대해 편견이 담긴 말을 하지 않는다.
(예 너는 왜 이렇게 말을 못하니? 너는 항상 친구들을 괴롭히지?)</td></tr>
</table>

관찰항목	그렇지 않다	가끔 그렇다	꾸준히 그렇다	해당 없다
남아와 여아에 따라 보육교사의 반응이 다르거나 놀잇감을 구분해서 제공하지 않는다. (예 소꿉놀이는 여아 중심, 공차기는 남아 중심)				
관찰항목	**그렇지 않다**	**가끔 그렇다**	**꾸준히 그렇다**	**해당 없다**
2. 영유아의 요구와 질문을 잘 알아차리고 적절하게 반응한다.				
영유아가 자유롭게 자신의 요구가 무엇인가를 표현하고 의문이 생길 때마다 자유롭게 질문할 수 있도록 허용하는 분위기를 만들어 준다.				
영유아의 요구나 질문에 대해 언어적으로 수용할 뿐 아니라 긍정적 끄덕임, 미소, 토닥거림, 약간 놀라며 신기해하는 얼굴 표정 등 비언어적으로도 이들이 말하고자 하는 바를 우선 수용해 준다.				
영유아가 때때로 신체적으로 불편하거나 심리적으로 불안하고, 화나고, 좌절감을 느끼는 등의 어려움을 울음, 화 등의 부정적인 방법으로 표현하더라도, 우선 영유아의 이러한 감정을 따뜻하게 감싸 주어 정서적으로 안정을 찾도록 한 후에 영유아의 요구가 무엇인지 알아본다.				
영유아가 분노, 좌절, 슬픔 등의 부정적 감정을 적절하게 표현할 수 있도록 하고, 대안적인 놀이나 활동을 제안하여 문제를 해결할 수 있도록 도와준다.				
영유아의 요구를 잘 이해할 수 없는 경우, 영유아의 질문을 주의 깊게 듣고 함께 해답을 찾아보거나, 그들의 발달수준에 적합한 반응을 해준다. 만일 영유아의 요구를 받아들일 수 없다면 그 이유를 이해하기 쉽게 설명해 준다.				
영아(0~1세, 2세) : 언어로 표현하는 능력이 제한적인 영아가 울음이나 행동(예 손으로 밀어내기), 얼굴 표정 등으로 자신의 요구를 표현하는 경우에 보육교사는 영아의 다양한 의사표현 방식을 파악하여 민감하게 반응한다. 영아의 젖은 기저귀는 즉시 갈아주고 배고픔, 졸음, 아픔 등 신체적 욕구를 신속하게 처리해 준다.				
일부 영유아의 요구와 질문에만 부분적으로 반응하거나 요구가 많은 영유아에게만 집중적으로 반응하지 않는다.				
관찰항목	**그렇지 않다**	**가끔 그렇다**	**꾸준히 그렇다**	**해당 없다**
3. 영유아의 행동지도에 긍정적인 방법을 사용한다.				
영유아의 행동을 긍정적 방법(예 칭찬과 격려, 이유 설명, 필요할 때 대안 제시 등)으로 지도한다.				
영유아와 간단한 규칙을 함께 정하고, 규칙이 필요한 이유에 대해 영유아와 함께 이야기하며, 영유아의 자율적인 행동을 칭찬한다.				

영유아로 하여금 다른 사람들이 어떻게 느낄지에 대해 생각해 볼 기회를 자주 갖도록 하고, 왜 그렇게 행동했는지 이유를 묻는다.				
위협이나 비판, 소리 지르기, 야단치기 등 부정적인 방법을 사용하여 지도하지 않는다.				
관찰항목	그렇지 않다	가끔 그렇다	꾸준히 그렇다	해당 없다
4. 나누기, 협동하기, 도와주기, 사이좋게 지내기, 배려하기 등 또래 간 긍정적 상호작용을 자주 격려한다.				
영아기부터 유아기까지 함께 지내는 또래에게 친밀한 관심 갖기, 긍정적 정서 표현하기, 또래와 즐겁고 사이좋게 지내기, 서로 배려하기, 또래를 도와주고 도움받기, 또래와 다양한 경험을 서로 나누고 배우기 등의 기회를 자연스럽게 제공해 준다.				
영유아가 서로 웃고, 껴안고, 다정한 목소리로 말하며 자신이 만든 작품이나 편지를 주고받는 등 긍정적인 정서를 서로 표현할 수 있는 기회를 자주 제공하고 이를 격려한다.				
또래 간의 상호작용이 긴밀히 이루어지도록 이들의 언어나 행동, 표정, 놀이진행 과정 등을 잘 관찰하여 적절한 시기에 서로 간의 배려나 나눔이 이루어지도록 격려한다.				
영유아가 또래보다는 보육교사에게만 상호작용을 시도할 경우, 보육교사는 또래 간의 상호작용이 일어날 수 있도록 격려해야 한다.				
일방적으로 행동을 지시하거나(예 ㅇㅇ이가 가지고 있는 놀잇감을 △△에게 나눠 주자), 직접 보육교사가 해결(예 보육교사가 놀잇감을 ㅇㅇ에게서 받아서 △△에게 준다)하지 않는다.				
영아(0~1세, 2세) : 보육교사가 영아끼리의 정서 표현(예 바라보기, 미소 짓기, 옹알이, 이름 부르기 등), 옆에서 놀기 등의 긍정적인 상호작용을 자주 격려한다(예 ㅇㅇ이가 △△이를 보고 웃고 있네, ㅇㅇ이도 웃어줄까?).				
또래 간 긍정적 상호작용을 격려하기 위해 보육교사가 영유아에게 제안해 주는 경우(예 ㅇㅇ아, ㅇㅇ를 친구에게 나눠줄 수 있을까?)에는 일방적인 지시로 끝나지 않도록 행동의 결과에 대한 긍정적인 또래 반응을 설명해 준다(예 잘했어!, 고마워!, ㅇㅇ가 나눠주니까 △△가 참 좋아하는구나! 등).				
관찰항목	그렇지 않다	가끔 그렇다	꾸준히 그렇다	해당 없다
5. 영유아 간의 다툼이나 문제 발생 시, 보육교사는 영유아가 원인을 서로 이해하고 스스로 해결하도록 지도한다.				
영유아 간의 다툼이나 문제가 발생하였을 때 어느 편에도 서지 않는 객관적 중재자로서 그 문제해결 과정에서 영유아가 타인의 입장을 배우고 자신의 행동에 대해 돌아보는 기회를 갖도록 적절히 개입한다.				

관찰항목	그렇지 않다	가끔 그렇다	꾸준히 그렇다	해당 없다
영유아 사이에 갈등이나 문제상황이 발생하였을 때 영유아가 서로의 입장을 이해할 수 있도록 두 영유아 모두 자신의 입장을 이야기할 수 있는 기회를 제공하고 보육교사는 이를 신중하게 경청한다.				
상황을 판단하여 급히 결론을 내리거나 일방적으로 정리하기보다 영유아의 입장을 객관적으로 설명해 준 후, 해결방안을 스스로 생각해 보도록 격려한다.				
영유아 간의 다툼이나 문제상황이 일어나지 않도록 영유아의 발달 특성을 잘 파악하고, 충분한 놀잇감 및 교구·교재를 마련해 주는 등 사전에 예방한다.				
영아(0~1세, 2세) : 발달 특성상 언어표현능력이 부족하고 자율적인 나누기와 문제해결이 어려우므로 지속적인 관찰을 통해 문제상황을 빨리 파악하고 신속하게 대처한다.				
관찰항목	그렇지 않다	가끔 그렇다	꾸준히 그렇다	해당 없다
6. 영유아의 사전경험이나, 지식에 기초하여 새로운 활동과 경험이 의미 있게 연결되도록 교수법을 효과적으로 사용한다.				
영유아에게 민감하게 반응하며, 활동 상황에 적합한 질문을 하고, 영유아와 활발하게 상호작용하면서 이러한 경험이 영유아에게 의미 있는 경험과 학습의 기회가 되도록 교수법을 효과적으로 사용한다.				
영유아가 스스로 탐색할 수 있는 활동 등에서 영유아 주도적 접근법을 적절하게 활용한다(예 영유아가 직접 탐색하고 실험하도록 지원하기, 영유아의 다양한 반응이 나올 수 있도록 질문하기, 또래 간의 상호작용을 통해 영유아가 어떤 개념이나 활동에 대해 정보를 나누고 배우도록 격려하기 등).				
영유아에게 정확한 정보나 지식이 요구되는 활동 등에서 보육교사 주도적 접근법을 적절하게 활용한다(예 영유아에게 언어적으로 설명하기, 시범 보이기, 실물이나 시청각 자료 등을 활용하여 설명하기 등).				
보육교사가 주도적으로 활동을 진행할 때에는 영유아의 흥미와 발달수준, 활동의 특성에 따라 적절하게 운영하고, 주의집중에 너무 오랜 시간이 걸리지 않도록 하며, 흥미로운 도입 활동(예 손유희 등)으로 주의집중을 유도한다. 또한 보육교사가 일방적으로 활동을 이끌어가지 않도록 주의한다.				
관찰항목	그렇지 않다	가끔 그렇다	꾸준히 그렇다	해당 없다
7. 영유아가 활동이나 놀이에 자발적으로 참여하고, 호기심을 높이도록 자주 격려한다.				

영유아가 주변의 새로운 사물이나 사건에 대해 관심을 보이고 탐색을 시도할 때 이들의 행동을 주의 깊게 관찰하며, 함께 흥미를 나타내 보인다.	
영유아에게 자발적으로 참여할 기회를 자주 제공하고 그 관심이 지속적으로 유지되도록 장려한다.	
활동과 놀이의 확장에 필요한 경우 자료를 제공하거나, 개방형 질문을 통해 영유아의 내적 동기가 유발되고, 호기심이 지속되도록 한다.	
영유아가 실내외 자유놀이나 놀이에 참여하여 스스로 해결하는 과정 및 결과를 보육교사가 관심 있게 지켜보고, "왜 그렇게 생각하니?", "어떻게 하면 좋을까?"와 같은 개방형 질문을 통해 영유아가 자신의 생각을 확장시키거나, 자신이 생각했던 바에 대해서 다시 한번 생각할 수 있도록 격려한다.	
영유아의 발달수준보다 높은 해결이 요구될 때는 영유아의 호기심을 침해하지 않는 범위에서 도움을 주거나 설명한다.	
구체적 관찰내용	
평가 및 지도내용	

부록 7. 교사의 연구과제 발표

[바람반 1학기 연구성과 과제]
크레카 창의력 올림피아드를 경험하며

주제선정이유

바람반 친구들은 6살에 제 1회 창의력 올림피아드에 참여하여
좋은 경험과 결과를 얻은 경험이 있다.
그래서 이번 제 2회 창의력 올림피아드 참여 공고가
올라오자마자 평상시 크레카 활동을 좋아하던 친구들은
또 한 번 도전해보기를 결심하고
즐거운 마음으로 참여를 하게 되었다.

필요성 및 목적

- **도전하는 용기**
  -다양하게 주어진 미션을 해결하기 위해 도전하는 마음을 기를 수 있다.
- **문제 해결 능력 및 창의적 사고 향상**
  -주어진 미션을 어떻게 해결할 지 생각하며 자신만의 창의적인 사고력을 발휘 해 문제 해결 방법을 찾아내고 해결 과정 속에서 실패와 성공을 경험하며 다양한 방법으로 접근하여 문제 해결 능력을 기를 수 있다.
- **협동하는 힘 기르기**
  -친구들과 함께 문제 해결 과정속에서 서로의 의견을 주고받고 혼자 할 수 없는 것은 서로의 도움을 받으며 협동,협력에 대해 알 수 있다.

추진 과정

- 기간 : 2024년 5월 1일 ~ 7월 1일
- 대상 : 바람반, 단비반 원아
- 추진 단계 : 팀 구성하기 → 도전 과제 선정하기 → 계획 수립하기 → 미션 수행하기 → 되돌아보기

• 프로그램 활동 계획

- 대회에서 요구하는 조건에 맞게 과제를 진행할 수 있도록 유아들과 의견 모으기
- 조건에 맞는 재료 구입하기
- 즐거운 마음으로 할 수 있도록 자유로운 분위기 형성
- 미션 수행에 있어 원활한 문제 해결을 위해 안내자, 지도자, 협력자 역할로써 유아들과 함께 하기

• 프로그램 활동 실행

① 팀 구성하기(팀명 선정)

- 팀 조건 : 5명 이상 7명 이하
- 미션 중복과 더불어 동생반과 함께 진행하는 대회였어서 교사 임의로 팀을 구성
- 팀끼리 모여 팀명을 자유롭게 의견을 모아 다수결 투표를 통해 팀이름 선정

[구름팀]

[무지개팀]

② 도전 과제 선정하기

- 팀이름 선정 후, 대회 공고로 올라온 다섯가지의 도전 과제 소개
- 의견 나누기를 통해 도전 과제를 선정함(단, 다른팀과 겹치지 않도록 많은 의논을 통해 결정)

<선택과제 1. 튼튼한 다빈치 다리 만들기>

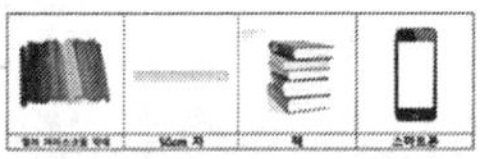

<도전 과제 조건>

- 아이스크림 막대 규격은 11.5*1CM
-최소 50CM 규격의 아치형 다리 만들기
- 다리 위에 스마트폰 3대 올리면 미션 성공!
-접착제나 테이프 사용 금지
-위험한 행동 금지

<선택과제 2. 달걀을 보호하라>

<도전 과제 조건>

- 일반 주름 빨대와 셀로판 테이프를
이용하여 달걀 보호 장치 만들기
-한길 220M 높이에서 달걀을 떨어트려
깨트리지 않으면 미션 성공!
- 주어진 재료외에 부가 재료 금지
-날달걀에 스카치 테이프 금지

③ 도전 과제 수행에 대한 계획 수립

- 팀끼리 모여 도전 과제에 대한 의견 나누기
(재료는 어떤 모양으로 사용할까 / 얼만큼 사용할까 / 어떤 방법이 제일 빠르게 될까? 등)
- 힘들거나 어려운 부분은 연습하기
(반에서 / 가정에서 / 반복적으로 / 다양한 방법으로)

<도전 과제 연습 및 의논하는 모습>

④ 도전 과제 수행하기

- 필요한 재료 찾아보기
- 팀원들과 의논하여 계획에 맞게 도전 과제 수행하기
계획을 미리 수립하였음에도 불구하고 도전 과제 수행 중에 계획이 변경되는 모습이 관찰되었다.
변경되었지만 협력이 잘 이루어져 새롭게 변화된 방법으로 과제를 수행.

④-1 구름팀의 수행 과정 (달걀을 보호하라)

의논한 내용을 바탕으로
도전 과제 수행 시작!

도전 수행 중 의견 변경.
모두 동의하여 변경된 의견으로 미션 수행

정육면체 모형으로 만드는 중

달걀 보호 기구 완성!

현장 놀이에서
달걀 떨어뜨리기

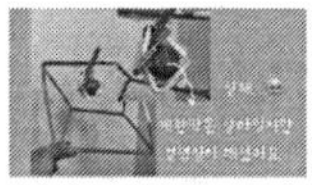

결과는 실패!

현장에서 떨어뜨린 계란이 계란막은 살아있었지만 아쉽게도 겉껍질이 깨지고 말았습니다.
유아들은 굉장히 아쉬워하였고 몇번의 연습을 해보았지만
연습때도 같은 결과였어서 수행 결과는 겸연히 받아들였어요.

④-2 무지개팀의 수행 과정 (튼튼한 다빈치 다리 만들기)

책과 책 사이의 50cm 거리 두기

계획 단계에서 연습했던 방법으로
쌓기 시작

계속되는 실패로 인하여 다양한 방법 시도
(A자 만들기, 여러 막대기 끼우기, 끝과 끝에서 시작하기)

결과는 실패!

다양한 방법으로 오랫동안 고민하고 시도해보았지만 결국 실패,
마지막 수행과정인 스마트폰 올리기 과정은 시도도 해보지 못하고 미션을 마무리 하였습니다.

⑤되돌아 보기 (미션 수행 후 느낀 점)

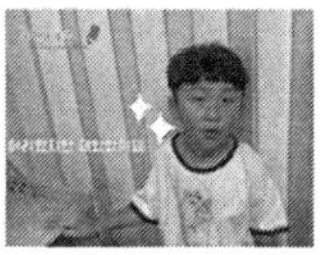

도전 과제를 끝마친 후 친구들의 다양한 의견이 있었어요.

- 계란이 깨졌는데도 노른자가 흘러나오지 않아서 신기하였어요.
- 힘들었지만 재미있었어요.
- 미션이 너무 어려웠었어요.
- 비록 미션은 실패하였지만 이것만으로도 만족해요.
- 친구들뿐만 아니라 동생들(형님들)과 함께 할 수 있어서 좋았어요.

• 프로그램 평가

<좋았던 점>

- 팀원들과 협력하여 공동목표를 향해 나아가는 모습을 엿볼 수 있었습니다.
- 도전 과제를 해결하기 위해 문제점을 분석하고 창의적인 해결방안을 제시하는 모습을 발견할 수 있었습니다.
- 실패하여도 긍정적으로 생각하며 미션에 임하는 모습을 발견하였습니다.

<아쉬웠던 점>

- 도전 과제 자체가 어렵다보니 연습 과정 속에서 각자의 노력의 정도가 다르게 나타나 아쉬웠습니다.
- 도전 후 되돌아보며 어려웠고 힘들었다는 유아들이 많아 아쉬웠습니다.
- 연습 기간이 짧았던 것 같아 아쉬웠습니다.

• 프로그램 성과

비록 미션에는 실패하였지만 우리 구름팀, 무지개팀은 제2회 창의력 올림피아드 대회에서 팀워크와 창의성을 인정받아 수상을 하였습니다.

- 구름팀(달걀을 보호하라) : 동상
-무지개팀(튼튼한 다빈치 다리 만들기) : 장려상

①아동의 변화

- **문제 해결 능력 및 창의적 사고 향상**
  -해결 과정 속에서 다양한 방법을 생각하며 창의적인 사고가 향상 되었고 다양한 방법을 시도해보며 문제 해결 능력을 키웠습니다.
- **긍정적 사고 형성**
  -두 팀 모두 미션에는 실패하였지만 '이 정도도 충분해', '우리는 충분히 노력했어'와 같은 이야기를 주고 받으며 긍정적인 마인드로 미션에 임한 모습을 발견할 수 있었습니다.
- **끈기와 협동심**
  -실패에도 계속 도전하는 끈기와 동생(형님)들과 친구들과 함께 힘을 합쳐 미션을 수행하는 과정 속에서는 협동에 대하여 알 수 있었습니다.

②부모의 변화

- 자녀의 성장 지켜보기

-아이들의 대회에 참여하며 창의적 사고, 협력, 문제 해결 능력 등 다양한 영역의 발전을 이뤄내는 것을 보며 부모는 기쁨을 느낄 수 있는 기회였습니다.

- 원과의 협력

-이번 기회를 통해 원과 가정의 협력하는 시간을 많이 가졌으며 서로가 함께 노력하여 값진 결과를 이뤄냈습니다.

- 함께하는 성장

-아이들의 원활한 대회 참여를 위해 가정에서 함께 연습하고 생각하면서 자녀와 함께 성장하는 시간을 가졌습니다.

<u>이 뿐만 아니라 교사에게 응원의 메세지를 보내주시고 이번 대회를 기대하며 주의깊게 바라봐주시는 모습을 발견할 수 있었습니다.</u>

< 응원의 댓글 >

잘 지도해주신 선생님 덕분입니다~ 감사합니다~ 아이들이 이렇게 커서 생각하고 그려보고 상도 받고~ 너무 뿌듯하네요~~ 다시한번 감사드립니다~!!

고생 많이했어요! 감사합니다.
친구들 모두 기특해요.

주호가 이번 대회로 아쉽지만 자기는 괜찮았다고 이야기하여 다행이다 싶었어요.
열심히 했으니 되었다고 얘기해서 과정이 더 중요하다고 이야기 해주었습니다.
고생 많으셨어요.
감사합니다.

③교사의 변화

- 반성적 사고, 함께하는 성장

-도전 과제에 대한 실패가 두렵고 무조건 성공해야한다는 의지가 앞서 결과에만 치중을 하였던 스스로 였는데 유아들의 긍정적 사고를 지켜보며 스스로 반성하는 계기가 되었습니다.

- 교육적 효과 확인

-과제 수행을 통한 창의력 증진과 문제 해결 능력 향상을 확인하고 교육적 효과를 느낄 수 있었습니다.

• 향후 계획

-크레카 활동에 지속적이며 적극적으로 참여할 수 있도록 안내자로서의 역할을 계속 할 예정입니다.

-일상 생활 속에서 유아들의 문제해결능력과 창의력 향상을 위해 스스로 선택의 기회를 마련하고 해결해 볼 수 있는 기회를 제공하겠습니다.

부록 8. 담임교사 평가서

<table>
<tr><th colspan="5">담임교사 평가서(문항순)
1. 아주 부족한 상태(0~20%) 2. 부족한 상태(21~40%) 3. 보통(41~60%)
4. 우수한 상태(61~80%) 5. 아주 우수한 상태(81~100%)
대상자 : 담당학급명 : 학급연령 :
자기평가일 : 원장평가일 :</th></tr>
<tr><th>영역</th><th>항목</th><th colspan="2">내 용</th><th>가중치</th></tr>
<tr><td rowspan="12">업무 능력</td><td rowspan="7">교육 과정 설계 및 준비</td><td>1</td><td>교육 프로그램의 이론적 배경을 숙지하고 교육과정 설계 시 적용하는가?</td><td rowspan="7">5</td></tr>
<tr><td>2</td><td>연간 · 월간 · 주간 · 활동별 계획과 실행이 교육철학 · 목표와 연계되어 이루어지도록 계획하는가?</td></tr>
<tr><td>3</td><td>교육목표, 학습방법, 학습경험이 일치하도록 계획하는가?</td></tr>
<tr><td>4</td><td>영역별로 균형 잡힌 활동내용과 다양한 교수-학습전략을 사용하여 교육과정을 구성하는가?</td></tr>
<tr><td>5</td><td>아동의 놀이를 관찰한 후 아동의 발달과 흥미에 적합한 놀이 및 활동을 계획하는가?</td></tr>
<tr><td>6</td><td>아동의 일상생활과 활동이 균형 있게 계획되는가?</td></tr>
<tr><td>7</td><td>아동의 연령과 놀이주제에 적합한 교재 · 교구를 개발하여 제작하는가?</td></tr>
<tr><td rowspan="4">수업 실행</td><td>8</td><td>아동에게 적합하도록 활동을 융통성 있게 실행하는가?</td><td rowspan="4">5</td></tr>
<tr><td>9</td><td>아동의 놀이를 관찰하며 지원하고 계획하고 실행하는가?</td></tr>
<tr><td>10</td><td>아동-교사, 아동-교구, 아동-아동 간의 상호작용을 적절하게 유도하는가?</td></tr>
<tr><td>평가 방법</td><td>저널 및 놀이 관찰</td></tr>
</table>

	평가	11	놀이관찰, 지원, 계획 및 실행과 관련한 과정 및 내용이 상세히 기록되는가?	
		12	놀이 및 일상생활과 관련한 내용들이 골고루 평가되는가?	
		13	놀이진행 이후 아동들의 반응과 활동진행 과정을 정확하고 객관적으로 평가하여 상세하게 기록하는가?	
		평가 방법	일지 확인	
	일과 운영	14	합의된 일과시간은 교사의 편의와 상관없이 유지되는가?	
		15	계획에 따라 영유아의 연령에 적합한 놀이, 활동, 일상생활 경험을 균형 있게 통합적으로 운영하는가?	
		16	날씨, 아동의 흥미, 보육활동 전개상황 등에 따라 일과를 융통성 있게 운영하는가?	
		평가 방법	일과시간을 얼마나 엄밀하게 지키는지에 대한 정확한 자기 평가	
	아동 관계	17	아동과 개별적이고 온정적이며 밀착된 유대관계를 맺는가?	5
		18	어려움이 있는 아동을 너그럽고 사려 깊게 대하는가?	
		19	아동의 권리와 흥미를 존중하는가?	
		20	아동의 강점 및 약점에 대한 상세한 평가를 할 수 있으며 아동들이 강점을 키우고 약점을 보완할 수 있도록 상호작용을 이끌어 내는가?	
	환경 조성	21	보육실 내 흥미영역은 영유아의 연령 및 발달 특성을 고려하여 충분한 공간에 구성하는가?	10
		22	주제 및 놀이와 관련된 활동자료들을 영유아의 연령 수준에 맞게 다양하게 구비해 놓았는가?	
		23	영역구성이 고정되어 있지 않고 융통성 있게 변화가 이루어지는가?	
		24	담당보육실 외의 공동구역 환경구성에도 자발적으로 참여하는가?	
		25	비품 및 교구파손 · 훼손 상태를 잘 점검하여 관리하고 있는가?	

	구분	번호	내용	배점
	상호작용	26	영유아의 문제행동이나 어려움에도 불구하고 아동을 따뜻하고 밝은 태도로 대하고 온정적이고 따뜻한 상호작용을 하는가?	
	아동관리	27	개별아동에 대한 관찰결과를 기록하여 평가하는가?	10
		28	아동 개개인의 현황을 잘 파악하고 있는가? – 가정환경, 가족관계, 개인신상에 관한 것 – 아동들의 문제행동에 교사의 적절한 개입과 대처방안에 관한 것	
		29	아동의 안전사고 예방에 세밀한 조치를 하고 있는가? – 보육시간 중 아동으로부터 떨어져서 방치시킴 – 위험한 상황 · 도구를 방치한 일 – 아동들이 보호 없이 외부로 나와 배회하는 일	
		30	안전사고 발생 시 정해진 지침에 따라 사고처리를 하는가?	
		31	아동의 신체적 · 심리적 건강에 주의를 기울이고 필요한 조치를 하는가?	
	부모관리	32	부모면담 · 교육 · 참여활동에 적극적으로 참여를 유도하고 있는가?	10
		33	학부모나 방문손님에게 항상 친절하고 밝은 모습으로 안내 또는 대응을 하고 있는가?	
		34	부모의 요구 · 불만의 요인들을 미리 파악하여 민원발생을 사전에 예방하고 있는가?	
		35	키즈노트, 유선 또는 대면과정을 통해 부모와 개별상담을 전문가답게 하고 있는가? (답변 내용, 시기)	
		36	부모의 보육과정 이해도를 높이기 위해 다양한 방법으로 보육과정에 대한 홍보와 안내를 적극적으로 수행하는가?	
		평가방법	3월~현재까지 사고발생건수, 아동명, 사고내용/ 부모민원건수, 아동명, 내용 : 우측 칸에 본인이 기재	
	업무관리	37	담당업무 및 담당구역에 대한 관리가 잘되고 있는가?	10
		38	담당업무에 대한 관심과 아이디어를 표명하고 있는가?	
		39	업무의 내용 및 제반 조건, 문제의 핵심을 정확하게 파악하여 상세한 업무계획을 세우고 우선순위를 정하여 효과적으로 업무를 처리하는가?	

		40	상황의 변화에 신속히 대처하여 업무를 진행하는가?	
		41	문제상황이 발생했을 때 적절한 대처방안을 선택하는가?	
		42	자신의 업무수행을 객관적이고 정확하게 평가하는가?	
		43	업무를 진행함에 있어 방법의 개선, 절차의 간소화, 시간 단축 등을 위하여 창의성을 발휘하는가?	
		44	자신의 업무방법이 향상될 수 있도록 제언을 받아들이는가?	
의욕 및 태도	책임감	45	자신의 직무내용과 역할을 바르게 이해하는가?	10
		46	원의 운영과 학급운영에 기여를 하기 위해 기획 및 수행과정에 적극 참여하고 있는가?	
		47	자기역할 · 입장을 충분히 이해하고 곤란한 상황에서도 끝까지 수행하려는 태도가 있는가?	
		48	주인의식을 갖고 시설관리와 물품사용에 정성을 다하는가?	
		49	책임회피와 책임전가는 없었는가?	
		50	사적인 견해 · 사정 등으로 공적인 일을 해치지 않는가?	
	협조성	51	정해진 규칙이나 규정, 원감, 원장의 지시 등을 준수하고 있는가?	10
		52	시급을 요하는 일이 발생했을 때, 자신의 편의를 생각하지 않고 기꺼이 협조하고 있는가?	
		53	본인의 업무 외에 공동작업에 자발적으로 참여하여 기꺼이 협조하는가? (본인이 조금 손해를 보더라도 괜찮다고 생각하는가?)	
		54	원의 효율적인 프로그램 운영을 위해서 자발적 태도로 업무를 수행하는가?	
		55	휴가 계획 시 원의 운영과 프로그램을 고려하여 계획하고 자신의 계획을 조정하는가?	
		56	직장동료의 직책에 따른 권리에 대해 사적인 견해로 그 권리를 침해하지 않고 인정하고 존중하는가?	
		57	상하 간 · 동료 간의 인간관계를 원활히 유지하기 위해 노력하고 있는가?	

		58	각종 해결안을 비교, 검토, 평가하여 합리적이고 납득할 만한 판단을 하며 문제점에 대한 자신의 소견을 제시하는가?	
	자기 계발 및 관리	59	원내 세미나 및 전달교육 시 적극적으로 준비하고 참여하는가?	10
		60	외부 유아교육 관련 교육이나 학술 세미나 등에 적극적으로 참여하는가?	
		61	교육 후 교육내용을 업무에 적용하고 있는가?	
		62	자신의 부족한 점, 약점을 보완하려고 노력하고 있는가?	
		63	자기관리를 철저히 하여 타인에 대해 규범이 되는 태도나 행동을 보이고 있는가?	
		64	개인생활로 인하여 업무나 개인의 건강에 지장을 초래하고 있는가?	
		65	교사로서 적절한 복장, 용모 등을 유지하는가? (긴 머리는 묶고, 액세서리 등이 아동과의 상호작용을 방해하지 않는다)	
		66	원내외 활동에 적극적 · 자발적으로 참여하여 어린이집과 자신의 위상을 높이는 데 기여한 업적이 있는가? 공모전 제출 및 수상 관련 내용이 있으면 작성해 주세요. (가산 : 5점)	
	근태 상황	67	근무시간을 잘 지키고 있는가? (지각, 조퇴, 결근 등) – 지각 1회(감점 1) – 무단 조퇴 및 외출 1회(감점 2) – 무단 결근 1회, 무단 조퇴 및 외출 2회면 무단 결근 1회 (감점 4) – 시간외 근무시간의 오류 1회(감점 5)	15

부록 9. 담임교사 평가서(자기평가)

담임교사 평가서(자기평가항목)

1. 아주 부족한 상태(0~20%) 2. 부족한 상태(21~40%) 3. 보통(41~60%)
4. 우수한 상태(61~80%) 5. 아주 우수한 상태(81~100%)

대상자 : 담당학급명 : 학급연령 :
자기평가일 : 원장평가일 :

영역	항목		내 용	자기평가
업무 능력	보육 계획 수립 및 실행	1	교육 프로그램의 이론적 배경을 숙지하고 교육과정 설계 시 적용하는가?	
		2	놀이중심 계획과 실행이 교육철학 · 목표와 연계되어 이루어지도록 계획하는가?	
		3	교육목표, 학습방법, 학습경험이 일치하도록 계획하는가?	
		4	균형 잡힌 활동내용과 다양한 교수–학습전략을 사용하여 교육과정을 구성하는가?	
		5	아동의 발달과 흥미에 적합한 내용을 놀이로 진행하고 있는가?	
		6	아동의 일상생활과 활동이 균형 있게 계획되는가?	
		7	아동의 연령과 교육주제에 적합한 교재 · 교구를 개발하여 제작하는가?	
	수업 실행	8	아동에게 적합하도록 놀이활동을 융통성 있게 실행하는가?	
		9	아동의 놀이를 관찰하며 지원하고 계획하고 실행하는가?	
		10	아동–교사, 아동–교구, 아동–아동 간의 상호작용을 적절하게 유도하는가?	
	평가	11	보육과정 목표와 내용을 준거로 영유아의 발달 특성과 변화를 평가한다.	

		12	활동진행 이후 아동들의 반응과 활동진행 과정을 정확하고 객관적으로 평가하여 상세하게 기록하는가?	
		평가 방법	일지 확인	
	일과 운영	13	합의된 일과시간은 교사의 편의와 상관없이 유지되는가?	
		14	계획에 따라 영유아의 연령에 적합한 놀이, 활동, 일상생활 경험을 균형 있게 통합적으로 운영하는가?	
		15	날씨, 아동의 흥미, 교육활동 전개상황 등에 따라 일과를 융통성 있게 운영하는가?	
		평가 방법	일과시간을 얼마나 엄밀하게 지키는지에 대한 정확한 자기 평가	
	환경 조성	16	보육실 내 흥미영역은 영유아의 연령 및 발달 특성을 고려하여 충분한 공간에 구성하는가?	
		17	주제 및 놀이와 관련된 활동자료들을 영유아의 연령 수준에 맞게 다양하게 구비해 놓았는가?	
		18	영역구성이 고정되어 있지 않고 융통성 있게 변화가 이루어지는가?	
		19	담당보육실 외의 공동구역 환경구성에도 자발적으로 참여하는가?	
		20	비품 및 교구 파손 · 훼손 상태를 잘 점검하여 관리하고 있는가?	
	상호 작용	21	영유아의 문제행동이나 어려움에도 불구하고 아동을 따뜻하고 밝은 태도로 대하고 온정적이고 따뜻한 상호작용을 하는가?	
의욕 및 태도	자기 계발 및 관리	22	어린이집 내 세미나 및 전달교육 시 적극적으로 준비하고 참여하는가?	
		23	외부 유아교육 관련 교육이나 학술 세미나 등에 적극적으로 참여하는가?	
		24	교육 후 교육내용을 업무에 적용하고 있는가?	
		25	자신의 부족한 점, 약점을 보완하려고 노력하고 있는가?	

		26	자기관리를 철저히 하여 타인에 대해 규범이 되는 태도나 행동을 보이고 있는가?	
		27	개인생활로 인하여 업무나 개인의 건강에 지장을 초래하고 있는가?	
		28	교사로서 품위유지를 지키기에 적절한 복장, 용모 등을 유지하는가? (긴 머리는 묶고, 액세서리 등이 아동과의 상호작용을 방해하지 않는다)	
		29	원내외 활동에 적극적 · 자발적으로 참여하여 어린이집과 자신의 위상을 높이는 데 기여한 업적이 있는가? 공모전 제출 및 수상 관련 내용이 있으면 작성해 주세요. (가산 : 5점)	

부록 10. 담임교사 평가서(동료평가)

담임교사 평가서(동료평가항목)

1. 아주 부족한 상태(0~20%) 2. 부족한 상태(21~40%) 3. 보통(41~60%)
4. 우수한 상태(61~80%) 5. 아주 우수한 상태(81~100%)

평가자 : 평가일 : 20 년 월 일 원장평가일 :

영역	항목	내 용		동료평가
업무 능력	아동 관계	1	아동과 개별적이고 온정적이며 밀착된 유대관계를 맺는가?	
		2	어려움이 있는 아동을 너그럽고 사려 깊게 대하는가?	
		3	아동의 권리와 흥미를 존중하는가?	
		4	아동의 강점 및 약점에 대한 상세한 평가를 할 수 있으며 아동들이 강점을 키우고 약점을 보완할 수 있도록 상호작용을 이끌어 내는가?	
	아동 관리	5	개별아동에 대한 관찰결과를 기록하여 평가하는가?	
		6	아동 개개인의 현황을 잘 파악하고 있는가? – 가정환경, 가족관계, 개인신상에 관한 것 – 아동들의 문제행동에 교사의 적절한 개입과 대처방안에 관한 것	
		7	아동의 안전사고 예방에 세밀한 조치를 하고 있는가? – 보육시간 중 아동으로부터 떨어져서 방치시킴 – 위험한 상황 · 도구를 방치한 일 – 아동들이 보호 없이 외부로 나와 배회하는 일	
		8	안전사고 발생 시 정해진 지침에 따라 사고처리를 하는가?	
		9	아동의 신체적 · 심리적 건강에 주의를 기울이고 필요한 조치를 하는가?	

<table>
<tr><td rowspan="6"></td><td rowspan="5">부모
관리</td><td>10</td><td>부모면담 · 교육 · 참여활동에 적극적으로 참여를 유도하고 있는가?</td><td></td></tr>
<tr><td>11</td><td>학부모나 방문손님에게 항상 친절하고 밝은 모습으로 안내 또는 대응을 하고 있는가?</td><td></td></tr>
<tr><td>12</td><td>부모의 요구 · 불만의 요인들을 미리 파악하여 민원발생을 사전에 예방하고 있는가?</td><td></td></tr>
<tr><td>13</td><td>키즈노트, 유선 또는 대면과정을 통해 부모와 개별상담을 전문가답게 하고 있는가? (답변 내용, 시기)</td><td></td></tr>
<tr><td>14</td><td>부모의 보육과정 이해도를 높이기 위해 다양한 방법으로 보육과정에 대한 홍보와 안내를 적극적으로 수행하는가?</td><td></td></tr>
<tr><td colspan="2">아동관리
부모관리
평가방법</td><td>3월~현재까지 사고발생건수, 아동명, 사고내용/ 부모민원건수, 아동명, 내용 : 우측 칸에 본인이 기재</td><td>사고발생
건수 :
아동명 :</td></tr>
<tr><td rowspan="10">의욕
및
태도</td><td rowspan="6">책임감</td><td>15</td><td>자신의 직무 내용과 역할을 바르게 이해하는가?</td><td></td></tr>
<tr><td>16</td><td>원 운영과 학급운영에 기여를 하기 위해 기획 및 수행과정에 적극 참여하며 업무의 기한을 엄수하는가?</td><td></td></tr>
<tr><td>17</td><td>자기 역할 · 입장을 충분히 이해하고 곤란한 상황에서도 끝까지 수행하려는 태도가 있는가?</td><td></td></tr>
<tr><td>18</td><td>주인의식을 갖고 시설관리와 물품사용에 정성을 다하는가?</td><td></td></tr>
<tr><td>19</td><td>책임회피와 책임전가는 없었는가?</td><td></td></tr>
<tr><td>20</td><td>사적인 견해 · 사정 등으로 공적인 일을 해치지 않는가?</td><td></td></tr>
<tr><td rowspan="4">협조성</td><td>21</td><td>정해진 규칙이나 규정, 원감, 원장의 지시 등을 준수하고 있는가?</td><td></td></tr>
<tr><td>22</td><td>시급을 요하는 일이 발생했을 때, 자신의 편의를 생각하지 않고 기꺼이 협조하고 있는가?</td><td></td></tr>
<tr><td>23</td><td>본인의 업무 외에 공동작업에 자발적으로 참여하여 기꺼이 협조하는가? (본인이 조금 손해를 보더라도 괜찮다고 생각하는가?)</td><td></td></tr>
<tr><td>24</td><td>원의 효율적인 프로그램 운영을 위해서 자발적 태도로 업무를 수행하는가?</td><td></td></tr>
</table>

		25	휴가 계획 시 어린이집의 운영과 프로그램을 고려하여 계획하고 자신의 계획을 조정하는가?	
		26	직장동료의 직책에 따른 권리에 대해 사적인 견해로 그 권리를 침해하지 않고 인정하고 존중하는가?	
		27	상하 간 · 동료 간의 인간관계를 원활히 유지하기 위해 노력하고 있는가?	
		28	각종 해결안을 비교, 검토, 평가하여 합리적이고 납득할 만한 판단을 하며 문제점에 대한 자신의 소견을 제시하는가?	
	근태 상황	29	근무시간을 잘 지키고 있는가? (지각, 조퇴, 결근 등) – 지각 1회(감점 1) – 무단 조퇴 및 외출 1회(감점 2) – 무단 결근 1회, 무단 조퇴 및 외출 2회면 무단 결근 1회 (감점 4) – 시간외 근무시간의 오류 1회(감점 5)	

부록 11. 자기기술 평가서

작성자 :

1. 올 한 해 유아교사로서
1) 유아과의 관계
2) 부모와의 관계
3) 동료와의 관계

2. 올 한 해 유아교육전문가로서
1) 참석한 교육 또는 세미나
2) 읽은 도서 또는 연구자료

3. 올 한 해 교사로서
1) 20ㅇㅇ년도 계획과 성과
2) 성장한 점
3) 아쉬운 점

4. 20ㅇㅇ년 반 운영 계획안에 비추어

5. 20ㅇㅇ년도 계속근무 희망 여부

6. 20ㅇㅇ년도에 계속 근무를 희망하는 경우
1) 20ㅇㅇ년도의 계획
2) 20ㅇㅇ년도 맡고 싶은 업무분장
3) 20ㅇㅇ년도에 맡고 싶은 반
4) 팀티칭의 경우 함께하고 싶은 교사/ 그렇지 않은 교사와 그 이유까지 작성

부록 12. 교직원 면담자료

교직원 면담자료

작성자 : ______________ 작성일 : ______________

본인의 총 교육경력 : __________년 현 기관 교육경력 : __________년

담임 업무 1점	내 용
담임업무와 관련하여 개인이 설정한 업무목표	
수행능력이 높다고 생각되는 업무	업무수행 내용 및 이유
수행능력에 어려움이 느껴지는 업무	어려움이 느껴지는 업무수행 내용 및 이유
본인이 생각하는 어려움에 대한 해결 방법	

업무분장 업무 2점	내 용
업무분장 업무와 관련하여 개인이 설정한 업무목표	
수행능력이 높다고 생각되는 업무	업무수행 내용 및 이유
아동필수교육	이미 수행한 업무이다.
수행능력에 어려움이 느껴지는 업무	어려움이 느껴지는 업무수행 내용 및 이유
본인이 생각하는 어려움에 대한 해결 방법	

개인이 생각하는 개인의 강점	개인이 생각하는 개인의 약점
업무수행과 관련한 강점	업무수행과 관련한 약점

1. 위의 내용을 작성해 주세요.
2. 최대한 솔직하게 작성해 주세요.
3. 면담에서 이야기 나누고 싶은 이야기가 있다면 솔직하게 이야기해 주시기를 바랍니다.
4. 파일명은 [본인 이름 - ㅇㅇ학년도 상반기 교직원 면담 전 자료]로 보내주세요.
5. 업무 이름 옆에 5점 척도(1점 - 매우 부족, 2점 - 조금 부족, 3점 - 보통, 4점 - 조금 잘함, 5점 - 매우 잘함)로 표시해 주세요.
6. 업무수행 내용 및 이유(어려움이 느껴지는 업무수행 및 내용 포함)에는 회의 시간에 설명드렸던 것처럼 본인이 생각하는 준거를 설정하셔서 작성해 주시면 됩니다.
7. 본인이 생각하는 어려움에 대한 해결방법은 본인이 실행 가능한 내용을 구체적으로 작성해 주세요. 개인뿐 아니라 원에서 변화 또는 도움이 필요한 부분이라면 그 부분에 대한 의견도 작성해 주시기 바랍니다.
8. 내용과 관련하여 이해한 만큼 작성하되, 생각을 최대한 자세히 작성해 주세요. 업무목표와 관련하여서도 명확하게 작성해 주세요.

부록 13. 원내 자율장학 계획 예시(경기도교육청)

원내 자율장학 계획 예시

I 운영의 기저

1. 교육경력별 현황(교사)

교사명	○○○	○○○	○○○	○○○	○○○	○○○	○○○	○○○
교육 총 경력	00.00	00.00	00.00	00.00	00.00	00.00	00.00	00.00
본원 근무 경력	0.00	0.00	0.00	0.00	0.00	0.00	0.00	0.00
분석	다양한 경력층의 교사 구성으로 동료장학 및 교수활동 개선과 교육조직의 효과성 증진 가능							

2. 원내 자율장학위원 구성

구분	직위	성명	비고
위원장	원장	○○○	
부위원장	원감	○○○	
위원	교사	○○○ ○○○	

Ⅱ 목적 및 방침

1. 목적

교사의 전문성을 높이고 유아중심의 교육과정과 교수-학습방법 개선을 위한 교직원 간 상호 이해와 협동하는 분위기 조성

2. 방침

가. 장학은 수업장학, 동료장학, 약식장학, 자체연수, 컨설팅, 멘토링 장학 등을 연계하여 효과적으로 운영한다.

나. 자율장학 활성화를 위한 지원 및 여건을 조성한다.

다. 원내 컨설팅을 활성화해서 교사 상호 간에 수업관련 협의 및 피드백을 받는다.

라. 연간 자체 연수계획을 수립해서 교원연수를 한다.

Ⅲ 세부 추진 계획

1. 자율장학의 운영 개요

기본 형태	활동 형태	대상	시기	담당
자기장학	• 자기수업 반성 • 자기계발 활동	전 교사	연중	교사
동료장학	• 동료장학 협의회(매주 ㅇ요일) • 동료 간 수업 연구 및 참관 • 학습 자료 제작	전 교사	수시	동료교사
약식장학	• 학급 순시 • 수업참관	전 교사	수시	원장 원감

자체연수	• 책읽기모임(ㅇ회) • 개인 연수 및 자율연구회 활동 각종 연구대회 참가 • 교사 체험활동 • 교사 자율연수 및 전달연수	전 교사	연중	해당 교사
수업장학	• 임상장학 • 공개수업 • 수업 관련 지도 조언	전 교사	연 ㅇ회	원장 원감
멘토링 장학	• 교수-학습 및 제반 공동 협의	해당 교사	연중	해당 교사
컨설팅 장학	• 워크숍 및 수업참관 • 수업 관련 컨설팅	전 교사	연중	해당 교사

2. 장학 실행계획

유형	형태	추진 내용	시기	담당
자기 장학	수업반성	• 자기수업 평가 및 분석	연중	전 교사
	개별연수	• 각종 연수 및 워크숍 참석 • 지구별 자율장학 협의회 참석 • 연구회 및 좋은 수업 참관	연중	전 교사
동료 장학	학부모 공개수업 협의	• 교사가 함께 협의하여 지도안 작성 및 협력 수업하기	5, 9월	전 교사
	특색교육 수업 협의	• 특색교육 활동 소개 • 특색교육 활동 수업 전개 후 수업에 따른 협의	월 1회	전 교사
	동료 간 상호작용	• 주간교육계획과 교육활동을 위한 연령별 협의	주 1회	전 교사
약식 장학	수업참관	• 수업참관 요청 시 참관한 후 관찰 결과 협의	연중	원장 원감

자체 연수	자율연수	• 생활기록부 작성요령	4월	○○○
		• 교사들을 위한 힐링 독서	5월	○○○
		• 놀이에 답을 묻다	6월	○○○
		• 유아 바깥놀이	7월	○○○
		• 유아생태교육	9월	○○○
		• 유아 통합교육	10월	○○○
		• 다양한 신체표현활동	11월	○○○
		• 동극으로의 초대	12월	○○○
	연수내용 공유	• 연수 참가 후 교사들 간의 연수내용 공유	연중	전 교사
	교육활동 평가	• 유치원 교육활동 후 협의회를 통한 평가	연중	전 교사
수업 장학	수업연구	• 수업지도안 협의 → 수정 → 분석 → 수업관찰 후 협의 → 다음 수업에 적용	5, 9월	담당교사 원장, 원감
	수업공개	• 학부모 공개수업	5, 9월	학부모 원장, 원감
		• 동료교사 원내 수업 나눔	6, 10월	해당교사 원장, 원감
		• 수업연구교사 공개수업	5, 10월	담당교사 원장, 원감
멘토링 장학	멘토링	• 원장, 원감 ↔ 전 교사	수시	전 교사
		• 고경력 교사 ↔ 저경력 교사	수시	담당교사
컨설팅 장학	교육과정 편성 · 운영	• 유치원 교육과정 편성 · 운영 컨설팅 • 창의적 교육과정 편성 및 운영 • 창의적 체험활동 프로그램 지원		
	교수-학습 활동	• 교수-학습 전략 및 수업 컨설팅 • 교실 수업 개선(유치원, 교사) • 특수교사와 일반교사의 협력방안 지원		

	인성 · 진로 교육	• 유치원 생활 및 진로지도 협의 · 정보교류 • 상담기법 • 생활인권 관련 컨설팅		
	민주적 학교문화	• 집단지성의 교직원회 운영 • 학부모의 학교교육 참여 방법		

Ⅳ 평가

1. 수업장학, 동료장학은 장학이 끝난 후 자체평가한다.
2. 자율연수 후 연수물은 철하여 보관한다.
3. 원내 컨설팅 장학 후 활동 전반에 대한 평가를 실시한다.

Ⅴ 기대 효과

1. 자율적인 수업 전문성 신장 및 교육연구풍토 조성으로 내실 있는 교육과정 운영 능력이 향상할 수 있다.
2. 수업 개선과 전문성 발전으로 교사의 성장과 함께 책임감과 성취감을 가질 수 있다.
3. 협의와 토론을 통한 협력은 교사의 전문적 능력 향상으로 이어질 수 있다.
4. 교사 간의 적극적인 인간관계를 통하여 교육정보 교환이 적극적으로 이루어지며, 상호 신뢰와 협력의 분위기가 구축될 수 있다.

부록 14. 유치원 학교 안 전문적 학습공동체 계획 예시(경기도교육청)

유치원 학교 안 전문적 학습공동체 계획 예시

20○○ 놀이중심 전문적 학습공동체 운영계획

○○유치원

Ⅰ 목 적

1. 교사 주도의 관계적 성장을 지향하며 협동하는 '전문적 학습공동체'의 활성화
2. 더불어 배우고 함께 성장하는 전문적 학습공동체 단위의 공동 수업설계 및 실행으로 수업중심 유치원 문화 조성
3. 다양한 활동의 실시로 교사의 전문성을 신장하여 교육활동으로의 연계 가능
4. 전 교사의 자발적이고 적극적인 연구회 참여로 화목한 분위기 조성 및 친목 도모

Ⅱ 방 침

1. 교사들의 요구를 반영한 1인 1연구주제를 선정해서 전문적 학습공동체를 운영한다.

2. 교육과정 재구성, 수업설계 및 적용, 과정중심 평가를 중심으로 개인 성장이 아닌 관계적 성장에 중점을 두고 운영한다.
3. 매월 넷째 주 수요일을 놀이중심 전문적 학습공동체의 날로 지정해서 운영한다.
4. 행사 및 상황과 여건에 의해 타당한 범위 내에서 전문적 학습공동체 운영 및 일시 등의 탄력적인 변동이 가능하다.
5. 수업 종료 후 활동하며, 매월 전문적 학습공동체의 날에 연수자료 및 외부 강사를 선정해서 본 원 교원을 대상으로 연수를 실시할 수 있다.

Ⅲ 놀이중심 원내 전문적 학습공동체 조직

교과연구	교사명	인원
누리과정 놀이연구	○○○, ○○○, ○○○, ○○○, ○○○	○명

Ⅳ 원내 전문적 학습공동체 운영 계획서

공동체명	누리과정 놀이연구회	주제	개정 누리과정 놀이 활동의 실제

1. 목표
   가. 공동연구를 통해 다양한 방법으로 유치원 실정에 맞는 누리과정 놀이수업 운영
   나. 생활주제에 맞는 수업자료 연구로 교사의 수업 역량 강화 자율적, 협력적, 실천적 연구 분위기 조성

2. 방침

가. 매달 정기적인 모임을 통해 생활주제에 맞는 수업자료 공유

나. 효율적인 놀이중심 교수-학습 지도방안 및 관찰, 기록 방법 협의

3. 세부 운영 계획(활동 및 평가 계획)

가. 연간 추진 계획

월	추진 내용	월	추진 내용
4월	놀이수업 관련 계획서 협의	9월	놀이와 공간
5월	원내 자연체험놀이 연수(외부강사)	10월	놀이 확장과 교사 역할
6월	놀이 수업에 따른 환경구성	11월	놀이 확장과 놀이 재료
7월	놀이 관찰과 공동수업디자인	12월	놀이 수업 반성 및 차년 계획

나. 조직

구분	명 단	비고
총괄	원감 ○○○	
실무	교무 ○○○○	
참여	○○○(○○반), ○○○(○○반), ○○○(○○반)	

4. 평가 및 환류 계획

가. 관련 분야의 도서와 논문 탐독 및 토론을 통해 수업 적용 방안 공유

나. 학습에 유용한 사이트를 검색하고 실질적으로 수업에 활용할 수 있는 자료를 제작

V 기대 효과

1. 교사의 자발적인 전문적 학습공동체 활동으로 함께 성장하는 유치원 문화 조성
2. 배움중심수업, 인성교육 및 놀이중심 수업 지원으로 교사의 수업 전문성 신장
3. 교사 수업참관 및 협의 기회 확대, 수업설계안 공동 개발 등 협력 문화 조성

부록 15. 동료장학을 위한 수업 나눔 계획 예시(경기도교육청)

동료장학을 위한 수업 나눔 계획 예시

○○유치원

Ⅰ 목 적

유치원 교실 수업에 대한 고민을 함께 나누고, 수업의 질적 향상과 교육과정 운영의 내실을 기한다.

Ⅱ 방 침

1. 교육과정 운영과 연계한 실질적인 계획을 수립한다.
2. 수업 나눔은 전체교사를 대상으로 한다.
3. 선 협의, 후 수업 연구로 협의 중심의 동료장학을 실시한다.
4. 문제점을 성토하는 자리로 삼기보다 동료성을 바탕으로 이해와 협력을 통해 함께 성장하는 교육문화를 조성한다.
5. 기계적인 수업기술 연마에 초점을 맞추기보다 자연스러운 수업의 흐름 속에서 함께 문제를 고민해 보고, 서로의 장점을 나누는 자리로 삼는다.

Ⅲ 세부 계획

1. 수업 나눔일 : 매월 0주

2. 수업 나눔 교사

월	수업 나눔 교사	장소	참관	비고
4	○○○	○○반	원장, 원감, 교사, 총○명	
5	○○○	○○반		
6	○○○	○○반		
9	○○○	○○반		
10	○○○	○○반		
11	○○○	○○반		

1. 수업 나눔 참관록 양식

수업 나눔 참관록								
일시		수업 나눔 교사						
장소		대상						
참관자		생활주제						
소주제		활동유형						
항목	평가내용			5	4	3	2	1
준비	1. 교수 · 학습 지도 계획이 잘 수립되었는가?							
	2. 학습자료 준비가 적절한가?							
	3. 수업 시작 전 수업 분위기 조성을 위해 노력을 하는가?							
활동	1. 학습목표를 분명하게 제시하였는가?							
	2. 학습동기 유발이 적절한가?							
	3. 지도, 동작, 교사의 위치 등이 수업목표 달성을 위해 적절한가?							
	4. 수업계획안에 따라 수업이 진행되고 있는가?							
	5. 교사의 발음이 명확하고 음성의 크기가 적절한가?							
	6. 교사의 발문 내용이 구체적인가?							
	7. 유아의 개별차를 고려하여 지도하고 있는가?							
	8. 유아의 발언 분포가 적절한가?							
	9. 유아들이 적극적으로 활동에 참여하는가?							
	10. 유아들에게 칭찬과 격려를 자주 하는가?							
정리	1. 수업에 대해 정리를 잘하는가?							
	2. 유아의 성장을 파악하기 위한 평가가 적절한가?							
참관 소감								

	관찰내용	
Ⅰ. 유아의 배움	유아가 흥미와 호기심을 가지고 참여하기 원하는가?	
	서로 존중하고 협력하여 활동하는가?	
	유아가 교사 또는 친구의 이야기에 귀를 기울이고 반응하는가?	
	유아가 몰입하여 즐겁게 활동하는가?	
	학습에 몰입하여 함께 즐겁게 공부하는가?	
	유아가 자신의 생각과 느낌을 자유롭고 다양하게 표현하는가?	
Ⅱ. 교사의 활동	소외되는 유아에 대해 적절히 배려하는가?	
	유아와 언어적 · 비언어적 상호작용을 적절하게 하는가?	
	유아의 흥미와 요구에 따라 융통성 있게 반응하는가?	
Ⅲ. 교실에서의 관계	교실에서 서로 들어주는 관계가 잘 형성되어 있는가?	
	교사-유아, 유아-유아 간의 존중과 배려의 관계가 형성되어 있는가?	
	협동적인 배움이 일어나고 있는가?	
수업을 보고 느낀 점		

2. 학습자중심 수업 참관록

학습자중심 수업 참관록

참관자	직위	성명

일 시	20ㅇㅇ.ㅇ.ㅇ.(ㅇ요일) 00:00~00:00	수업 나눔 교사	
대 상	ㅇㅇ반 유아 00명(ㅇ세)	생활주제	
활동유형		소주제	

Ⅰ. 유아 들여다 보기	활동(또는 놀이)에 주도적으로 참여하는가?	
	친구들의 발표나 이야기를 주의 깊게 듣고 말하는가?	
	활동(또는 놀이) 중 서로 가르치고 배우며 협력하는 활동이 의미 있게 이루어지는가?	
	활동(또는 놀이)에 어려움을 겪고 있는 부분은 어디인가?	
Ⅱ. 교사 들여다 보기	활동계획에 유아의 실태를 반영하고 수준을 고려했는가?	
	유아의 흥미나 요구를 파악하고, 유아의 수준을 고려해서 활동을 제시하거나 제공하고 있는가?	
	유아의 놀이 또는 사고를 확장하기 위한 적절한 개입을 하였는가?	
	언어, 비언어적 표현을 사용해서 유아와 활발히 상호작용하고 있는가?	
느낀 점 & 배운 점		

3. 수업 나눔 협의록

<table>
<tr><td colspan="2" rowspan="2">수업 나눔 협의록</td><td rowspan="2">결
재</td><td>부 장</td><td>원 감</td><td>원 장</td></tr>
<tr><td></td><td></td><td></td></tr>
<tr><td>참관일</td><td>20○○년 ○월 ○일 ○요일</td><td>기록자</td><td colspan="3">(인)</td></tr>
<tr><td>수업자</td><td colspan="5">○○반 교사 :</td></tr>
<tr><td>수
업
나
눔
내
용</td><td colspan="5"></td></tr>
</table>

4. 동료장학 교수-학습과정안

<table>
<tr><th colspan="6">동료장학 교수-학습과정안</th></tr>
<tr><td>학급명
(연령)</td><td></td><td>시기</td><td></td><td>수업 나눔 교사</td><td></td></tr>
<tr><td>생활주제</td><td></td><td>주제</td><td></td><td>소주제</td><td></td></tr>
<tr><td>목표</td><td colspan="5"></td></tr>
<tr><td>일과
시간표</td><td colspan="5"></td></tr>
<tr><td>시간
(활동명)</td><td>활동목표</td><td colspan="3">활동내용</td><td>자료 및
유의점</td></tr>
<tr><td></td><td></td><td colspan="3"></td><td></td></tr>
<tr><td></td><td></td><td colspan="3"></td><td></td></tr>
<tr><td></td><td></td><td colspan="3"></td><td></td></tr>
<tr><td rowspan="3">활동평가</td><td colspan="5">내용</td></tr>
<tr><td colspan="5"></td></tr>
<tr><td colspan="5"></td></tr>
</table>

참고문헌

강영철(2008). 사립유치원 교원의 원내 자율장학에 대한 인식연구. 연세대학교 교육대학원 석사학위논문.

강주연(2017). 유아교사의 발달단계에 따른 자기장학 모형개발 및 적용. 경북대학교 대학원 박사학위논문.

고윤희(2011). 유치원의 원내 자율장학에 대한 교사의 인식 및 활성화 방안 연구. 건국대학교교육대학원 석사학위논문.

곽현주(2004). 수업반성과정과 유치원 교사의 교수행동. 중앙대학교 대학원 박사학위논문.

김경미(2012). 유아교사 발달단계에 따른 현장문제 인식의 차이. 중앙대학교 교육대학원 석사학위논문.

김경자(1993). 교육과정 혁신. 경기 : 교육과학사.

김군희(2000). 유치원 자율장학 체제에 관한 연구. 대구대학교 교육대학원 석사학위논문.

김남숙(2012). 어린이집 교사의 수업분석을 통한 자기장학 경험의 이해. 충주대학교 대학원 석사학위논문.

김도기(2005). 컨설팅장학에 대한 질적 연구. 서울대학교 대학원 박사학위논문.

김도기(2013). 학교장학. 학교교육행정학 연구핸드북. 한국교육행정학회, 279-303.

김선경(2013). 유치원 내 자율장학의 실태와 문제점 및 활성화 방안 : 교사의 인식을 중심으로.충남대학교 교육대학원 석사학위논문.

김옥(2016). 유아교사의 발달단계에 따른 직무스트레스와 소진과의 관계, 가천대학교 교육대학원 석사학위논문.

김은영(2006). 유치원 동료장학실태와 효과에 대한 교사의 인식. 이화여자대학교 교육대학원 석사학위논문.

김은주 · 권미량(2008). 유아교사교육-생태적 접근. 경기 : 공동체.

김재은 · 김태련(2009). 유아교육보육용어사전. 경기 : 교육과학사.

김정한(2004). 장학론. 서울 : 학지사.

김하나(2014). 원내자율장학에 대한 유치원과 어린이집 교사의 인식. 성신여자대학교 대학원 석사학위논문.

김휘경(2006). 동료장학 실행수준에 따른 보육교사 전문성 발달. 숙명여자대학교 대학원 석사학위논문.

나원정(2011). 유아교육기관 장학 관련 논문 연구동향. 이화여자대학교 대학원 석사학위논문.

박막숙(2003). 유치원 교사 관심사 발달 단계에 따른 동료장학의 요구도 조사. 건국대학교교육대학원 석사학위논문.

박세랑(2006). 반성적 교수활동을 통한 만 3세 기본생활습관 형성과정 탐색. 중앙대학교 교육대학원 석사학위논문.

박은혜(1999). 유아 교사교육에서 저널 쓰기 활용에 대한 고찰. **한국교사교육**, 16(2), 195-216.

박은혜(2002). **지식기반 사회에서의 유아교사의 지식**. 서울 : 창지사.

박은혜(2009). **유아교사론**. 서울 : 창지사.

박은혜 · 이은혜 · 임승렬(1999). **교사발달에 적합한 장학의 이론과 실제**. 경기 : 정민사.

박현숙(2011). 수업중심 동료장학에 관한 초등교사의 인식. 경인대학교 교육대학원 석사학위논문.

박현주(2004). 유치원 지구별 자율장학 협의회에 대한 교사의 인식 미 요구조사. 한국교원대학 교대학원 석사학위논문.

배성옥(2010). 현장교사를 위한 동료장학 : 이야기나누기를 중심으로. 숙명여자대학교 교육대학원 석사학위논문.

서울특별시교육연구원(1995). 교육전문직의 역할 연구. 서울특별시교육연구원.

서혜성(2011). 표준보육과정 적용 그림책 활동에서 교사의 반성적 저널쓰기 효과. 숙명여자대 학교 대학원 박사학위논문.

유영혜(2006). 자율장학을 통해 교수 실제 변화에 관한 질적 연구 : A 유치원을 중심으로. 창원대학교 대학원 교육학과 박사학위논문.

이상기 · 옥장흠(2007). **교육행정 및 교육경영 신강**. 경기 : 형설출판사.

이승희(2012). 어린이집 교사를 위한 장학의 현황 및 요구. 중앙대학교 대학원 석사학위논문.

이윤석 · 유양승(2016). 2000년대 우리나라 장학의 변화 동향과 교육적 함의. **교육행정학연구**, 34(1), 287-310.

이윤식(1999). **장학론**. 경기 : 교육과학사.

이윤식(2001). **학교경영과 자율장학**. 경기 ; 교육과학사.

이윤식(2022). **교원능력개발을 위한 장학론**. 서울 : 학지사.

이윤식 · 강호경(2007). 초등학교 교사의 자기장학 참여와 전문적 발달 간의 관계. **한국교원교육연구**, 24(1), 55-76.

이현옥 · 김향자 · 김혜선 · 김연진 · 양미현(2017). **유아교육기관의 원내 자율장학**. 경기 : 공동체.

이희은(2003). 유아교육 예비교사의 교육신념에 대한 연구. 대구가톨릭대학교 교육대학원 석사학위논문.

임명숙(2001). 유치원 동료장학의 적용과 적용상의 문제점에 관한 연구. 서원대학교 교육대학원 석사학위논문.

조부경 · 백은주 · 서소영(2009). **유아교사의 발달을 돕는 장학**. 경기 : 양서원.

주삼환(2003). **장학의 이론과 기법**. 서울 : 학지사.

주화정(2004). **유치원 장학론**. 서울 : 예일기획.

한국보육진흥원(2024). 2024년 어린이집 자율관리 우수사례집.

한국보육진흥원(2025). 어린이집 자율관리 안내서.

한수란(2006). 유아교사의 반성적 사고경험을 통한 반성적 사고수준 및 교수 행동 변화연구. 부산대학교 대학원 석사학위논문.

홍창남(2012). 학교컨설팅과 컨설팅장학의 과제. **교육행정학연구, 30**(4), 225-248.

황보라(2004). 자기장학을 통한 교사와 유아의 변화 : 이야기 나누기 수업을 중심으로. 중앙대학교 교육대학원 석사학위논문.

Bailey, G. D.(1981). *Teacher self-assessment : A means for improving classroominstruction*. Eric document Reproduction NO. ED 207 967.

Caruso, J, J.. & Fowcett, M. T.(1992). **유아교육기관 장학론**. 이은화 · 조부경 공역. 교문사.

Davis, E. A.(2006). Characterizing production among preservice elementary teachers : seeing what matters. *Teaching and Teacher Education, 22*, 281-301.

Glatthorn, A. A.(1997). *Differentiated supervision*(2nd ed). Alexandria, VA : Association for Supervision and Curriculum Development.

Glatthorn, A. A.(1997). *Differentiated supervision*(2nd ed). Alexandria, VA : Association for supervision and curriculum development.

Glickman, S., & Bey, T.(1990). supervision. In R. Huston(Ed.), *Handbook of Fesearch on teacher education*(pp. 549-566). New York : Macmillan.

Grossman, P. L.(1990). *The making of teacher : Teacher knowledge and teachereducation*. NY : TEachers College Press.

Grossman, P. L.(1990). *The making of teacher Teacher knowledge and teacher education*. NY : Teachers College Press

Harris, B. M.(1985). *Supervisory Behavior in Education*(3rd ed.). Englewood Clliffs. New Jersey :

Practice Hall.

Huberman, M.(1989). The professional life cycle of teachers. *Teachers College record, 91*(1), 31-57.

Katz, L. G.(1972). Developmental stage of preschool teachers. *Elementary school Journal, 73*, 50-54.

Kerka, S.(1996). *Journal writing and adult learning*. Eric Clearinghouse.

Laura, M. D., Thomas, M. S., & Koji, U.(2006). Are teachers who need sustained,content-focused professional development getting it? An administrator's dilemma. *Educational Administration Quartely, 42*(2), 179-215.

Lortie, D.(1975), School teacher : Teacher Chicago. IL : University of chicagopress.

Reiman, A. J., & Thies-Sprinthall, L.(1998). *Mentoring and supervision for teacher development*. New York : Addison Wesley Longman.

Rizzo, J.(2004). *Teachers' and Supervisors' Perceptions of Current and IdealSupervision and Evaluation Practices*. Michigan : ProQuest Information and Learning Company.

Sullivan, S., & Glanz, J.(2000). *Supervision that improves teaching – stratages and techniques*. Thousand Oaks California : Corwin Press, Inc.

Sullivan, S., & Glanz, J.(2005). *Supervision : A redefinition*(7th ed.). Corwin Press.

Wiles, K., & Bondi, J.(2004). *Supervision : A guide to practice*(6th ed.), New Jersey : Practice Hall.

Wiles, K., & Lovell, J. T.(1975). *Supervision for better schools*(4th ed.). Englewood Cliffs, NJ : Prentice-Hall.

Yager, G. G.(1987). *Self-supervision, what to do when you're stuck without an assigned supervisor*. ERIC Document Reproduction Service No. ED 284 140.

Zepeda, S. J., & Ponticell, J. A.(1998). At cross purposes : What do teachers needs,want, and ger from supervision?. *Journal of curriculum and supervision, 14*(1), 68-87.

저/자/약/력

■ 나유미

총신대학교 대학원 유아교육전공 철학박사(Ph.D)

현 백석문화대학교 유아교육과 교수

영유아교육현장을 위한

장학론

|저자| 나유미

|1판 1쇄| 발행 2025년 8월 25일

|발행인| 김 동 훈
|발행처| 공 동 체

|주소| 경기도 고양시 일산동구 호수로 358-39 동문타워 I 905호(백석동)
|전화| 031) 814-3000(대표)
|팩스| 031) 814-3100
|홈페이지| http://www.compub.co.kr
|전자우편| compub@naver.com
|출판등록| 2005년 10월 6일
|등록번호| 제396-2005-36호

|ISBN| 979-11-6725-967-7
정가 19,000원

MEMO

MEMO